阿弥陀仏の願いと信心

―大宇宙世界の時間と空間を超えて―

掬月即勝

永田文昌堂

はしがき

拙著は、主題「阿弥陀仏の願いと信心」のとおり、浄土真宗で最も大切な「阿弥陀仏の願い」（本願）と「他力の信心」（真実の信心）を中心に、筆者自身のご信心とお念仏の体験を踏まえて述べたものです。

副題の「大宇宙世界の時間と空間を超えて」について、親鸞聖人（一一七三～一二六三）が阿弥陀仏の化身とも仰がれるお釈迦さま（釈尊）は、私たちの生きている宇宙世界が、私たちの想像すら及ばない、壮大な大宇宙世界であることを説き明かされています。その内容というのは、どこまでも、お釈迦さまが三昧（瞑想）などによって体験された「究極の真理」（大叡智）であり、覚如上人（一二七〇～一三五一）が『執持鈔』第五条に「仏語に虚妄なし（仏の教えにうそ・いつわりはない）」（『註釈版聖典』八六五頁参照）と仰せられたとおりであります。その「究極の真理」である「阿弥陀仏の願いと信心」が、果てしない大宇宙世界の、限りない時間と空間を通って、かつ、超えて、今、私たちのところに至り届いている、ということを少しでも実感いただけたらと願って、本書を刊行させていただきました。

令和四年（二〇二二）七月十一日（現地時間）に、一三〇億年以上前の銀河が撮影され、深宇宙観測の歴史を塗り替えたともいわれています。それによって、まだ確定していませんが、これまでの一般的な現代科学で定説とされていた「ビッグバン宇宙論」にも動揺が広がっています。この新時代の幕開けに、宇宙の本当の相が人々に知られるよう念じております。

お釈迦さまは、約二五〇〇年前、『華厳経』や『維摩経』等にて、この大宇宙世界の真実の相をすべて解明されています。また、一般的な現代の科学では、宇宙の始まりは「約一三八億年前」といわれていますが、お釈迦さまは、その約一三八億年前よりも更に前の、はるか昔の宇宙や世界、及び、それらの内外に存在する、別のあまたの宇宙や世界についてまで、『華厳経』『法華経』『維摩経』『阿弥陀経』等々にたくさん説き示されています。

なぜ、そこまでのことがお分かりになるか、と申しますと、お釈迦さまは、すべてのことを知り尽くす「仏の智慧（仏智）」（一切種智）を得るために、はかり知れない過去世から何度も生まれ変わって、「三阿僧祇劫と百大劫（南伝仏教では、四阿僧祇劫と十万劫）」（『註釈版聖典』六六八―六六九頁・脚註等参照）という、通常の数字では表し難い、途方もなく長い時間をかけて、修行を続けられたからであります。今から約二五〇〇年前に、この世にお出ましになって、ようやくその「仏の智慧」を得られて、釈迦牟尼仏（釈迦如来）と成られたわけでございます。

すべてを知り尽くされた、お釈迦さまの智慧の一しずくにも及びませんが、わずかながら、経典の数字や数学的発想にも注目し、試みに本書でご紹介しておりますので、それだけのはかり知れない、大宇宙世界の時間と空間を通って、かつ、超えて、今、私たちが生かされているということなど、ほんの少しでもお感じいただけたら、望外のよろこびであります。

拙著は、平成二十六年（二〇一四）三月二十一日、慶證寺の春季彼岸会・永代経法要にて、「親鸞聖人と蓮如上人のみ教え」という講題でご法話したものを文字に起こして、加筆・訂正を加えたものです。そのとき配布した資料に、お聖教（聖典）の原文と意訳（現代語訳）を載せており、このたびも、できるだけ多くの方々に、お聖教の原文に接していただきたいという思いから、長文もあえていとわず、意訳とともに引用いたしました（引用部分は、理解しやすいよう、筆者が傍線・傍点・太字等を附し、その他、一部、改変しました）。

かねてより、親鸞聖人や蓮如上人（一四一五～一四九九）をはじめ、祖師先徳の原文と意訳を載せた、初心者の方にも分かりやすい解説書を拝読したいと考えておりました。本書の作成中、おのずから内容が広がっていって、少しでも、そういった書物に近いものができたら、皆さまにご覧いただけると存じ、ささやかながらも、浄土真宗のみ教えを全体的・概説的に述べさせていただきました。よって、仏教・浄土真宗を学んだことのない方々にもお読みいただけるよう、意識して書いたつもりです。

内容について、基本は先輩のご研究を仰いで受け継ぎつつ、この現代に生きるからこそ、新たに知り得たことなども種々、含めております。法話が元であるため、実践に重きを置いており、浄土真宗を学ぶ入門書的な性格も持ち合わせていますので、宗教・宗派を超えて、宗門の内外を問わず、どのような方でも、手に取っていただけたら、大変うれしく思います。

来る令和五年（二〇二三）三月から五月に、五期三十日間にわたり、「親鸞聖人御誕生八百五十年・立教開宗八百年慶讃法要」が、浄土真宗本願寺派龍谷山本願寺（西本願寺）にて厳修されます。「立教開宗八百年」は、翌年の令和六年（二〇二四）に当たりますが、令和五年（二〇二三）の「親鸞聖人御誕生八百五十年」に併せて勤められます。元仁元年（一二二四）、親鸞聖人が五十二歳の頃に、主著『顕浄土真実教行証文類』（『教行信証』）一部六巻をご執筆になり、浄土真宗のみ教えが確立された、とすることを「立教開宗」といいます。

「親鸞聖人御誕生八百五十年・立教開宗八百年慶讃法要」の記念に、誠に仏恩の深きことを念うて、万分の一にすらならずとも、師恩・学恩等にも報いたく、智慧も徳もなき貧道ながら、出版を決意した次第であります。

お釈迦さまのみ言葉と祖師先徳のお諭しが、読者の安楽浄土へ往くしるべとなりますよう願うばかりでございます。

合掌

令和四年（二〇二二）十一月

掬月　即勝

目次

阿弥陀仏の願いと信心

―大宇宙世界の時間と空間を超えて―

第一章　浄土真宗の根本

第一節　親鸞聖人と蓮如上人

親鸞聖人と蓮如上人のお立場

親鸞聖人（一一七三～一二六三）は、浄土真宗の宗祖でいらっしゃいます。当寺では、本堂内陣のご本尊 阿弥陀如来さまの左脇壇（向かって右脇壇）が浄土真宗の宗祖 親鸞聖人で、阿弥陀如来さまの右脇壇（向かって左脇壇）が本願寺第八代宗主 蓮如上人（一四一五～一四九九）にあらせられます。蓮如上人がお出ましになるまで、本願寺は衰退しておりましたが、蓮如上人が本願寺を再興なされました。浄土真宗が日本最大の仏教教団となりましたのは、やはり、蓮如上人のご功績である、れています。

といわれています。それゆえ、「浄土真宗の中興の祖」「本願寺の中興の祖」と仰がれています。

ですから、親鸞聖人と蓮如上人のお言葉を元に、ご法話申し上げたいと思います。資料（レジュメ）には、最初にお聖教（聖典）の原文を載せ、次に「【意訳】」と記したところに現代語訳を附しました。この現代語訳を中心にお話しいたします。

まずは『蓮如上人御一代記聞書』という、蓮如上人のご法語などが収められた言行録の中に、親鸞聖人と蓮如上人のお立場が分かりやすく書かれてあります。

聖人（親鸞聖人）の御流はたのむ一念のところ肝要なり。ゆゑに、たのむといふことをば代々あそばしおかれ候へども、くはしくなにとたのめといふことをしらざりき。しかれば、前々住上人の御代に、御文を御作り候ひて、「雑行をすてて、後生たすけたまへと一心に弥陀をたのめ」と、あきらかにしらせられ候ふ。しかれば、御再興の上人にてましますものなり。

（『蓮如上人御一代記聞書』第一八八条、『浄土真宗聖典（註釈版）』一二九〇―一二九一頁参照）

【意訳】「親鸞聖人のみ教えにおいては、**弥陀におまかせする信心がもっとも大切**なのである。だから、弥陀におまかせするということを代々の上人がたがお示しになってこられたのであるが、人々はどのようにおまかせするのかを詳しく知らなかった。そこで、蓮如上人は本願寺の住職になられると、御文章をお書きになり、**〈念仏以外のさまざまな行を捨てて、仰せのままに浄土に往生させてくださいと、疑いなく弥陀におまかせしなさい〉**と、明らかにお示しくださったのである。だから、蓮如上人は浄土真宗ご再興の上人といわれるのである」と仰せになりました。

（『浄土真宗聖典　蓮如上人御一代記聞書（現代語版）』一二〇―一二一頁参照）

親鸞聖人のみ教えは、「**弥陀（阿弥陀仏）におまかせする信心**」が一番、大切であることを教えてくださいました。次に傍線を引いた「代々の上人がた」、すなわち、親鸞聖人から二代目、三代目…七代目までの宗主、御門主に当たられる方も、同じように「信心」が大切だということをおっしゃいました。

しかし、どのように「信心」をいただけばよいのか、はっきり分からなかった。

「信心」とは「阿弥陀如来さまにすべてをおまかせする」ことなので、どのようにおまかせしたらよいのか、ということを詳しく知らなかった。だから、蓮如上人が『御文章』（『御文』）というお手紙をお書きくださって、分かりやすく、どのように「信心」をいただけばよいのか、または、どのようにして阿弥陀如来さまにおまかせしたらよいのかを教えてくださった、ということが書かれてあります。

ここに、親鸞聖人と蓮如上人のお立場というものがうかがえると思います。したがって、親鸞聖人は、浄土真宗で最も大切なのは「信心」、信ずる心である、とお示しくださいました。ただ、どのように「信心」、信ずる心をめぐまれればよいのか、ということを詳しく分かっていなかったので、蓮如上人が「**念仏以外の様々な行を捨てて、阿弥陀如来さまの仰せのままに浄土に往生させてくださいと、疑いなく阿弥陀如来さまにおまかせしなさい**」と、詳しく教えてくださった、ということであります。ちなみに、「往生」とは、浄土に往き生まれることです。

親鸞聖人

では、親鸞聖人が「信心が最も大切である」と述べられているところを少し詳しく見てまいります。

涅槃の真因はただ信心をもってす。

（『顕浄土真実教行証文類』「信巻」、『註釈版』二二九頁）

【意訳】さとりにいたる真実の因は、ただ信心一つである。

（『顕浄土真実教行証文類（現代語版）』〈以下『教行信証（現代語版）』と記す〉一九三頁）

この『顕浄土真実教行証文類』は、親鸞聖人の主著で、『教行信証』『教行証文類』『御本典』などともいわれ、教・行・信・証・真仏土・化身土の全六巻で構成されています。中でも、「信心」について書かれたのが「信の巻」「信巻」であり、そこに出てくるお言葉です。

さとりの世界にいたる真実の因、因というのはタネということで、さとりにいたる真実のタネは、ただ信心一つである、ということであります。

「彼岸会」（彼岸法要）の「彼岸」は、「彼の岸」と書かれます。この「彼岸」は、さとりの世界を表しており、阿弥陀如来さまの浄土を表しています。つまり、彼岸＝浄土＝さとりの世界、ということです。

それに対して、私たちの世界は、此方の岸となり、此岸＝穢土＝迷いの世界、といわれます。私たちのいる世界は、迷いの世界（地獄・餓鬼・畜生・修羅・人間・天）の中にあり、苦しみがずっとずっと続いていく世界であります。その苦しみを超えるには、さとりの世界に行かなければなりません。

ですから、親鸞聖人は、阿弥陀如来さまの浄土に往くには、「信心」が一番、大切です。この「信心」があるかないかで、浄土に往けるかどうか決まってくる、ということをお教えくださいました。因（原因）と果（結果）で申しますと、「さとりの世界」という果を得るには、「信心」という因（タネ）が必要である、ということであります。

また、同じく、親鸞聖人は次のようにもおっしゃっています。

この心はすなはち**如来の大悲心**なるがゆゑに、かならず報土の正定の因となる。

（『教行信証』「信巻」、『註釈版』二三五頁参照）

【意訳】この心（信心）は、すなわち、**阿弥陀仏の大いなる慈悲の心**であるから、必ず真実の浄土にいたる正因となる。

（『教行信証（現代語版）』二〇四頁参照）

浄土真宗の「信心」については、後でもう少し詳しくご説明いたしますが、浄土真宗の「信心」は、自分で起こしていくものではなく、阿弥陀如来さまの慈悲によってめぐまれてくるものです。阿弥陀如来さまのお心が、自分の中に開かれてくるのであると、だからこそ、必ず、真実の浄土に生まれる、正しい因となる、ということであります。このように、「信心」が大事であるということを、親鸞聖人はいろいろなところでおっしゃっていますが、今回は二箇所ご紹介させていただきました。

蓮如上人

次に、蓮如上人のお言葉をうかがってまいります。最初に引用いたしました『御一代記聞書』に、

蓮如上人仰せられ候ふ。なにたることをきこしめしても、御心にはゆめゆめ叶はざるなりと。一人なりとも人の信をとりたることをきこしめしたきと、御ひとりごとに仰せられ候ふ。**御一生は、人に信をとらせたく思し召され候ふよし**仰せられ候ふ。

（『蓮如上人御一代記聞書』第一八七条、『註釈版』一二九〇頁）

【意訳】蓮如上人が、「どんなことを聞いても、わたしの心は少しも満足しない。一人でもよいから、人が信心を得たということを聞きたいものだ」と、独り言をおっしゃいました。「**わたしは生涯を通して、ただ人々に信心を得させたいと願ってきたのである**」と仰せになりました。

（『蓮如上人御一代記聞書（現代語版）』一二〇頁参照）

と述べられています。蓮如上人は生涯、人々に「信心」を得ていただくことを願って、歩んでゆかれたことが分かります。蓮如上人は、襲撃されたり、本願寺を壊されたり、お寺を転々と移して、苦難の日々を過ごされましたが、その中で、人々に少しでも、一人でも、「信心」を得ていただくことを大切になさいました。

なぜ、ここまで「信心」にこだわるかというと、「信心」がなければ、ずっと迷いの世界である六道（地獄・餓鬼・畜生・修羅・人間・天）を行き来してしまうからです。私たちの人間界だけではなく、迷いの世界はほかにもたくさんあり、地獄の世界、餓鬼の世界、動物の世界などです。普通に生きていたら、私たちも動物や虫になったり、苦しみの世界に生まれ変わりますけれども、阿弥陀如来さまから「信心」をいただけば、浄土に生まれ、一切の苦しみから離れられますので、なんとかして、皆さまに「信心」を得ていただきたい、ということで、蓮如上人は『御文章』のお手紙をしたためられました。

それから、蓮如上人は「南無阿弥陀仏」のお名号をたくさんお書きになりまして、法然聖人のご命日（旧暦一月二十五日／新暦二月二十九日）である二十五日のお斎

（食事）前には名号を三百幅、親鸞聖人のご命日（旧暦十一月二十八日／新暦一月十六日）である二十八日や十八日のお斎（食事）前にも百幅・二百幅、書かれた、と伝わっています。そのお名号をたくさんのご門徒へお配りになり、ご門徒はお家の中心にご本尊としてお掛けし、お念仏を申して、手を合わせたわけでございます。また、蓮如上人のお名号は多くのご門徒へ与えられ、その御礼によって、大坂石山本願寺は建てられた、ともいわれています。これもひとえに、蓮如上人が人々に「信心」を得ていただくことを願われ続けた表れであろうと思われます。

ちなみに、慶證寺は永禄年（一五五八―一五七〇）中頃、大坂石山本願寺のそば（西南）に創建された、と伝えられております。

また、蓮如上人のお言葉として、同じく『御一代記聞書』に、

一宗の繁昌と申すは、人のおほくあつまり、威のおほきなることにてはなく候ふ。一人なりとも、人の信をとるが、一宗の繁昌に候ふ。しかれば、「専修正行の繁昌は遺弟の念力より成ず」（報恩講私記）とあそばされおかれ候ふ。

（『蓮如上人御一代記聞書』第一二一条、『註釈版』一二七一頁参照）

【意訳】一宗の繁盛というのは、人が多く集まり、勢いが盛んなことではない。たとえ一人であっても、まことの信心を得ることが、一宗の繁盛なのである。だから、『報恩講私記』に「念仏のみ教えの繁盛は、親鸞聖人のみ教えを受けた人々の信心の力によって成就する」とお示しくださっているのである。

（『蓮如上人御一代記聞書（現代語版）』八二―八三頁参照）

と仰せられています。「繁盛」と言いますと、今では「商売繁盛」の「繁盛」が思い浮かびます。しかし、「繁盛」という言葉は、もともと仏教用語で、「人数が多くなり、勢いが盛んになること」をいいます。それが後に、商売の成功などに使われるようになりました。たしかに、人がたくさんお参りくださるのは大変、有り難いことでありますけれども、それが「繁盛」なのではない。たとえ一人でも「信心」を得ていただくことこそが、本当の繁盛であると、蓮如上人は仰せになりました。

私たちも、このようなお言葉を受け継がせていただき、自分もそうでございますし、皆さまとともに「信心をいただく」ということが、浄土真宗のお寺の最も大切な意義であろうと思います。浄土真宗のお寺は、「念仏道場」や「聞法道場」ともいわれますし、それだけ、「信心」を得て浄土に生まれさせていただくことを第一に、お念仏申し、聞法させていただきたい、と思うことでございます。

第二節　本願と信心

信心とは

さて、先ほどから何度も「信心」と申しましたが、その「信心」とは一体、何かというところを、親鸞聖人と蓮如上人のお言葉より聞かせていただきます。短いお言葉で、端的に述べてくださっている箇所を選ばせていただきました。

まずは、親鸞聖人が、

「信心」は如来の御ちかひをききて疑ふこころのなきなり。

（『一念多念文意』、『註釈版』六七八頁）

【意訳】「信心」とは、如来の本願を聞いて疑う心がないことである。

（『一念多念文意（現代語版）』五頁）

と仰せられています。「如来」というのは「阿弥陀如来」さまということで、「阿弥陀如来さまが建てられた願いを聞いて疑う心がないこと」、これが「信心」である、とおっしゃっています。

また、蓮如上人の『御文章』に、

信心獲得すといふは第十八の願をこころうるなり。

（『御文章』五帖目第五通「信心獲得章」、『註釈版』一一九二頁）

【意訳】**信心**をいただくというのは、第十八願を心得ることである。

と仰せになっています。「第十八の願」「第十八願」というのは、阿弥陀如来さまの第十八の願いのことで、「信心をいただく」とは、その願いを心得ることである、と示されています。阿弥陀如来さまの願いというのは、全部で四十八の願いがございますが、一番、大切なのが第十八の願いといわれています。このことから、最も得意なことを「十八番」と言うようになったそうです。「如来の御ちかひ」「本願」というのも、阿弥陀如来さまの第十八の願いを指しています。

ですから、「阿弥陀如来さまの第十八の願いを聞いて疑う心がないこと」、これが「信心」であると、親鸞聖人も蓮如上人もおっしゃっています。

第十八願

では、その「阿弥陀如来さまの第十八の願い」を詳しく解説したいと思いますが、そもそも、阿弥陀如来さまは、「なぜ、願いを起こされたのか」について、お話しさせていただきます。

親鸞聖人は、

一切の群生海、無始よりこのかた乃至今日今時に至るまで、穢悪汚染にして清浄の心なし、虚仮諂偽にして真実の心なし。ここをもつて如来、一切苦悩の衆生海を悲憫して、（『教行信証』「信巻」、『註釈版』二三一頁）

【意訳】すべての生きとし生けるものは、はかり知れない昔から今日この時に至るまで、煩悩に汚れて清らかな心がなく、いつわりへつらうばかりで、まことの心

がない。そこで、阿弥陀仏は、苦しみ悩むすべての生きとし生けるものを哀れんで、

(『教行信証(現代語版)』一九六頁参照)

と述べられています。すべての生きとし生けるものは、はかり知れない昔より、「清らかな心」「まことの心」がないことから、阿弥陀如来さまは、その苦しむすべての生きとし生けるものを哀れんで、願いを起こされました。

さらに、親鸞聖人は、

無始よりこのかた、一切群生海、無明海に流転し、諸有輪に沈迷し、衆苦輪に繋縛せられて、**清浄の信楽**なし、法爾として**真実の信楽**なし。

(『教行信証』「信巻」、『註釈版』二三五頁)

【意訳】はかり知れない昔から、すべての生きとし生けるものは皆、煩悩を離れることなく迷いの世界に輪廻し、多くの苦しみに縛られて、**清らかな信楽(信心)**がない。本来**まことの信楽**がないのである。

(『教行信証(現代語版)』二〇三頁参照)

と示されています。ここでも同様に、はかり知れない昔から、すべての生きとし生け

るものは、煩悩に汚されて、迷いの世界を生まれ変わり死に変わりし続け、多くの苦しみに縛られて、「清らかな信心」「まことの信心」がない、といわれています。「輪廻」とは、車の輪が回転してきわまりないように、迷いの世界（地獄・餓鬼・畜生・修羅・人間・天）を生まれ変わり死に変わりし続けることで、「流転」ともいいます。

つまり、すべての生きとし生けるものが、はかり知れない昔から、煩悩にまみれて、迷いの世界を輪廻し、多くの苦しみから逃れられずに、「清らかな心（信心）」「まことの心（信心）」がないことから、阿弥陀如来さまは、そのすべての生きとし生けるものを哀れんで、願いを起こされたわけであります。

「煩悩」とは、身心（体と心）を煩い悩ませる心のはたらきをいいます。私たちの煩悩は無量にございますが、三種に大別しますと、「貪欲」（むさぼり、我欲）、「瞋恚」（いかり）、「愚痴」（おろかさ、真理を知らないこと）となります。このような煩悩がある限り、私たちは迷いの世界を生まれ変わり死に変わりし続けて、苦しみが消えることはありません。

次に、第十八の願いについてご説明します。浄土真宗のよりどころのお経である『大無量寿経』には、阿弥陀如来さまの四十八の願いがすべて説き示されています。その中で、第十八の願いは、次のように説かれています。「〈　〉」には書き下し文を載せました。

設我得仏、十方衆生、至心信楽、欲生我国、乃至十念。若不生者、不取正覚。唯除五逆誹謗正法。

（『浄土真宗聖典全書』〈以下『聖典全書』と記す〉一・二五頁参照）

〈たとひわれ仏を得たらんに、十方の衆生、至心信楽してわが国に生ぜんと欲ひて、乃至十念せん。もし生ぜずは、正覚を取らじ。ただ五逆と誹謗正法とをば除く〉

（『仏説無量寿経』巻上、『註釈版』一八頁）

【意訳】わたしが仏に成るとき、すべての生きとし生けるものが心から信じて、わたしの国である浄土に生まれたいと願い、わずか十回でも念仏して、もし生まれることができないようなら、わたしは決してさとりを開きません。ただし、五逆の罪を犯したり、仏の教えを誹るものだけは除かれます。

（『浄土三部経（現代語版）』二九頁参照）

「わたしが仏に成るとき」の「わたし」とは、阿弥陀さまが、まだ仏に成られる前の法蔵菩薩のときに、この願いを建てられました。阿弥陀さまが、阿弥陀仏に成られる前に「生きとし生けるすべてのものが（十方衆生）、**わたしの真実の願い（至心）を疑いなく信じて（信楽）、必ずわたしの国に生まれることができると欲って（欲生我国）、たとえわずか十回でもわたしの名号を称える（乃至十念）**ものを、もし、浄土に生まれさせることができないようなら（若不生者）、わたしは阿弥陀仏には成りません（不取正覚）」とお誓いくださっていたわけであります。

この願いを初めてお聞きしたとき、筆者は、あまり意味が分かりませんでした。しかし、だんだんとみ教えを学んでいくうちに、徐々に、どういうことか分かってまいりました。蓮如上人も「信心をいただくというのは、この第十八願を心得ることである」と仰せられていたとおり、この第十八願をなおざりにしては、「信心」ということも言えないと思います。

ですから、先ほどの親鸞聖人『一念多念文意』のお言葉（本書一四頁）よりうかが

う と、一応、「信心」の信ずる対象は、この「第十八願」といえます。先ほどから何度も「信心」と申してまいりましたが、では、「何を信ずるのか」「何を信じたらよいのか」と言いますと、結局、「阿弥陀さまが建てられた第十八の願い」でありま す。この「第十八願」を疑うことなく信ずるという、その「信心」さえいただけば、浄土に往くことは約束される、いつ亡くなっても、必ず浄土に生まれられるわけでございます。

なお、第十八の願いの文末に「ただし（唯除）、五逆の罪（五逆）を犯したり、仏の教えを謗る（誹謗正法）ものだけは除かれます」と誡められています。

このご文について、親鸞聖人は、

「**唯除五逆誹謗正法**」といふは、「唯除」といふはただ除くといふことばなり。五逆のつみびとをきらひ誹謗のおもきとがをしらせんとなり。このふたつの罪のおもきことをしめして、十方一切の衆生みなもれず往生すべしとしらせんとなり。

（『尊号真像銘文』、『註釈版』六四四頁）

【意訳】「**唯除五逆誹謗正法**」というのは、「**唯除**」というのは「ただ除く」という言葉であり、**五逆**の罪を犯す人を嫌い、**仏法を謗る**罪の重いことを知らせようとされているのである。この二つの罪の重いことを示して、すべての世界のあらゆるものは、皆もれることなく往生するべきである、ということを知らせようとされているのである。（『尊号真像銘文（現代語版）』六頁参照）

と仰せられています。「五逆」の罪については、後ほど詳しくお話しします（本書八六頁～）。

「五逆」と「誹謗正法（謗法）」（仏の教えを謗ること）の罪は極めて重いので、生きとし生けるものが、この二つの罪を犯さないよう、抑え止めるために説かれたとされています（抑止門）。親鸞聖人は、「五逆罪」と「謗法罪」が極めて重罪であることを知らしめ、もし、すでにそのような罪を犯してしまったものは、回心して（真実の信心をいただいて）、浄土に往生させていただくようお勧めになっています。

第二章　阿弥陀仏の浄土

第一節　浄土は実在する

阿弥陀仏の浄土はどこに

では、本来、この「仏の願い」とは何か、ということをお話しするためにも、まずは「阿弥陀如来さまのお浄土」について、詳しく申し述べます。

阿弥陀さまは、「阿弥陀仏」「阿弥陀如来」といわれるように、「仏」「如来」という存在であります。この「仏」と「如来」は、おおむね同じ意味であるとご理解いただけたらと思います。「阿弥陀仏」「阿弥陀如来」、共に同じ存在にあらせられます。

阿弥陀さまのほかにも、この大世界、大宇宙世界には、たくさんの仏・如来がいらっしゃいます。ご参考までに、薬師如来さまのことも少し例に挙げ、お話しさせていただきます。

阿弥陀如来さまは、西の方角である西方に浄土（西方浄土）を建てられています。それに対して、薬師如来さまは、東の方角である東方に浄土（東方浄土）を持たれています。阿弥陀如来さまの浄土は「安楽世界」「極楽浄土」「安養浄土」などといわれ、薬師如来さまの浄土は「浄瑠璃世界」「瑠璃光浄土」などといいます。

この浄土の詳しい場所についても、詳しくお経に示されています。

阿弥陀如来さまの浄土は、『大無量寿経』に、

> 法蔵菩薩、いますでに**成仏**して、現に西方にまします。ここを去ること十万億刹なり。その仏の世界をば名づけて**安楽**といふ。
>
> （『仏説無量寿経』巻上、『註釈版』二八頁）

【意訳】法蔵菩薩は、すでに**無量寿仏**という仏と成って、現に西方においでになる。その仏の国は、ここから十万億の国々を過ぎたところにあって、名を**安楽**という。

（『浄土三部経（現代語版）』四七頁参照）

と説かれ、『阿弥陀経』にも、

これより西方に、十万億の仏土を過ぎて世界あり、名づけて**極楽**といふ。その土に仏まします、**阿弥陀**と号す。いま現にましまして法を説きたまふ。

（『仏説阿弥陀経』、『註釈版』一二二頁）

【意訳】ここから西の方へ十万億もの仏がたの国々を過ぎたところに、**極楽**と名づけられる世界がある。そこには**阿弥陀仏**と申し上げる仏がおいでになって、今、現に教えを説かれている。

（『浄土三部経（現代語版）』二一八頁参照）

と明かされています。

このように、阿弥陀如来（無量寿仏）さまのお浄土について、「西方十万億土」「十万億土」ともいわれ、西の方へ十万億もの仏土（仏がたの国々）を過ぎたところに実在すると説かれます。この「刹」「仏土」は、お釈迦さまのように、この世にお出ましになった仏が教化できる世界・範囲のことで、「三千大千世界」といわれ、『阿弥陀経』にも「偏覆三千大千世界」（あまねく三千大千世界に覆ひて）と、繰り返し出てまいります。「三千大千世界」というのは、一つの太陽が照らすところの世界、すなわち、一宇宙全体を一世界（小世界）として、一世界が千個、集まったものを小千世界といい、小千世界が千個、集まったものを中千世界といい、その中千世界が更に千個、集まったものを指します。

つまり、「仏土」＝三千大千世界＝一世界×一〇〇〇×一〇〇〇×一〇〇〇＝十億の一世界となり、これが一人の仏が教化できる範囲といわれます。私たちのいる「仏土」（十億の一世界）とは異なる「仏土」が、今度は更に「十万億」というわけでありますので、私たちには到底、はかり知れない距離・場所となります。

現代的に分かりやすく言えば、これらの「仏土」は「宇宙」と言い換えることができると思います。『阿弥陀経』をはじめ、仏教全般において、私たちのいる宇宙世界（三千大千世界）の内にも外にも、無量の宇宙世界が存在している、と説かれています。また別の機会にお話ししますが、現代の科学等も、それに近い仮説が立てられてきています。

古代インドの一億は現在の十万というお話もございますが、それはさておき、現在の単純計算で申しますと、「十万億」は、一〇×一万×一億＝十兆となります。

すなわち、私たちの宇宙世界の外に、西の方へ、私たちとは異なる十兆もの宇宙世界を超えたところに、異次元・異時空（異なる次元・異なる時空）の世界として、阿弥陀如来さまのお浄土が実在しているわけであります（私たちの宇宙世界の内に、私たちと同様の十兆の宇宙世界を見る説もございます）。

「浄土」と言いますと、本当にそんな世界は存在するのか、架空の世界ではないのか、と思われる方もいらっしゃると思います。特に、私たち現代人は、近代的・科学的・合理的な考え方を養うように育てられてまいりましたので、目に見えないものはない、と決め付けてしまいがちです。

しかし、「お経」とは、お釈迦さまのお言葉であり、単なる頭脳作業のみから導き出されたものではなく、お釈迦さまが三昧（瞑想）等によってご体験なされた「究極の真理」（大叡智）が説かれています。

また、善導大師（六一三～六八一）、懐感禅師（七世紀頃）、智光法師（七〇九～七八〇頃）、法照禅師（八世紀頃）、法然聖人（一一三三～一二一二）をはじめ、多くの祖師方も、三昧や夢告などによって、阿弥陀如来さまやお浄土のありさまをまのあたりに感じ見られ、お釈迦さまにつぐご体験をなされて、阿弥陀如来さまやお浄土が本当に実在することをお教えくださっています。

したがいまして、阿弥陀如来さまやお浄土も、「架空」ではなく、「真実・事実・現実・実在」のこととして、ご理解いただきたいと思うばかりでございます。ちなみに、「三昧」とは、心が統一されて散り乱れない、安らかで深い静寂の状態のことをいいます。

一般的な現代の科学等においても、様々な理論や仮説が立てられ、お釈迦さまが示された「究極の真理」に少しばかり近付いてきている面も感じられます。

しかしながら、お釈迦さまは約二五〇〇年も前に『華厳経』『法華経』『維摩経』『阿弥陀経』等々、あまたの経典において、この大宇宙世界をすべて解明なされ、私たちに説き明かしてくださっていたことには、ただただ驚嘆いたすほかございません。

善導大師が見られた浄土

阿弥陀如来さまのお浄土は、すべてが清らかであって、あらゆる世界に超えすぐれ、何の苦しみもなく、広々として果てしなく、七宝（七つの宝）が光り輝いて、春夏秋冬の四季の別もなく、いつも寒からず暑からず、調和のとれた快い世界で、あらゆる世界の中で最もすばらしい音楽が流れ、それらの音楽はすべて教えを説き述べているなどと、経典に説かれています（『浄土三部経（現代語版）』参照）。

善導大師と法然聖人が実際に阿弥陀如来さまやお浄土のありさまをまのあたりに感じ見られた内容を少しだけご紹介いたします。

善導大師の『観経疏』「散善義」の終わりに、

もし三世の諸仏・釈迦仏・阿弥陀仏等の大悲の願意に称はば、願はくは夢のうちにおいて、上の所願のごとき一切の境界の諸相を見ることを得しめたまへ。

仏像の前において願を結しをはりて、日別に『阿弥陀経』を誦すること三遍、阿弥陀仏を念ずること三万遍、心を至して発願す。すなはち当夜において西方の空中に、上のごとき諸相の境界ことごとくみな顕現するを見る。雑色の宝山百重千重なり。種々の光明、下、地を照らすに、地、金色のごとし。なかに諸仏・菩薩ましまして、あるいは坐し、あるいは立し、あるいは語し、あるいは黙す。あるいは身手を動じ、あるいは住して動ぜざるものあり。すでにこの相を見て、合掌して立ちて観ず。やや久しくしてすなはち覚めぬ。覚めをはりて欣喜に勝へず。すなはち〔この観経の〕義門を条録す。これより以後、毎夜の**夢の****うち**につねに一の僧ありて、来りて玄義の科文を指授す。すでに了りて、さらにまた見えず。

（『観経疏』「散善義」後跋、『浄土真宗聖典　七祖篇（註釈版）』五〇二―五〇三頁）

【意訳】もし、三世の諸仏・釈迦仏・阿弥陀仏などの大悲の思し召しにかなうならば、願わくは、**夢の中に**おいて、前に願ったすべての境界のいろいろな相を見せていただきたいと。このように仏像の前で願を立てて、毎日『阿弥陀経』を読むこと三遍、阿弥陀仏のみ名を称えること三万遍、心をこめて願をおこしたところ、その夜にあたって、西方の空中に、上のようなあらゆる境界（極楽浄土）の相がみな現れ、さまざまな色の宝の山が百重千重にかさなり、いろいろな光明が、下、地面を照らすと、地は金色のようである。その中に諸仏・菩薩が、あるいは坐り、あるいは立ち、あるいは語り、あるいは黙し、あるいは身や手を動かし、あるいはとどまって、動かないでおいでになるのを見る。すでに、この相を見て、合掌し、立って観ずることやしばらくして目がさめた。さめて後、喜びにたえず、そこで、『観経』（『観無量寿経』）の義門（道理を理解して身に付けるための教義の分類）を一々しるした。それから後、毎夜、夢の中にいつも一人の僧が現れて、玄義の科文（奥深い教義の内容に沿って文章の段落を分けたもの）を授けられた。すでにそれが終わると、再び現れなかった。

と、極楽浄土やあらゆる仏・菩薩さまのありさまをご覧になったことが述べられています。その後にも、

第二夜に見らく、**阿弥陀仏の身は真金色にして、七宝樹の下、金蓮華の上にましまして坐したまへり。**十僧囲繞して、またおのおの一の宝樹の下に坐せり。

仏樹の上にすなはち天衣ありて、挂り繞れり。面を正しくし西に向かへて、合掌して坐して観ず。（『観経疏』「散善義」後跋、『七祖註釈版』五〇三頁）

【意訳】第二夜には、**阿弥陀如来が真金色の御身**（お身体）で、七宝（七つの宝）の樹の下において、**金蓮華に坐しておいでになるのを見た**。十人の僧がとりまいて、またおのおの一つの宝樹（宝の樹）の下に坐しておいでになる。仏の坐しておいでになる樹の上には、清浄（清らか）な衣がかかりまといめぐっている。正しく顔を西に向けて、合掌し、坐って観じた。

と、阿弥陀如来さまをまのあたりに感じ見られたことが記されています。

最後に、善導大師は次のように結ばれています。

上来のあらゆる霊相は、本心、物のためにして己身のためにせず。すでにこの相を蒙れり。あへて隠蔵せず、つつしみてもつて義の後に申べ呈して、聞くことを末代に被らしむ。願はくは含霊のこれを聞くものをして信を生ぜしめ、有識の観るものをして西に帰せしめん。この功徳をもつて衆生に回施す。ことごとく菩提心を発して、慈心をもつてあひ向かひ、仏眼をもつてあひ看、菩提まで眷属として真の善知識となりて、同じく浄国に帰し、ともに仏道を成ぜん。

（『観経疏』「散善義」後跋、『七祖註釈版』五〇四頁）

【意訳】これまでのすべての霊相（不思議なしるし）は、その本心は生きとし生けるものを利益するためであって、自身のためではない。すでにこの霊相を受けて、あえてかくさず、謹んで『観経』（『観無量寿経』）の註釈の後に述べあらわして、末代のものに聞かせるのである。願わくは、生きとし生けるものに、これを聞かせて信をおこさせ、この書を見るものを、浄土に帰せしめようと思う。この功徳をあまねく生きとし生けるものに施す。ことごとく菩提心をおこし、いつくしみの心をもってあい向かい、やさしいまなざしをもってあい眺め、さとりに至るまで同胞として、互いに真の善知識（善き友、正しい道に導く者）となって、同じく浄土に生まれ、共にさとりを成就しよう。

「霊相」「霊瑞」とは、不思議なしるしや現象のことをいい、ここでは、善導大師が夢のお告げとして、阿弥陀仏とその浄土をはじめ、様々な不思議な現象をご覧になったことを指しています。このご文には大変、重要なことが示されていると思います。それは、善導大師が見られた不思議なおしるしが、自身のためではなく、これを聞くものが、阿弥陀如来さまより「信心」をいただき、皆ことごとく、一緒に、浄土に生まれ、共に、さとりを開くことを願って、あえて隠さず、申し述べたのである、と仰せになっていることであります。

「夢」については、蓮如上人の第七男の蓮悟師（一四六八〜一五四三）が、ご自身の夢の数々を記録され、

総体、夢は妄想なり、さりながら、権者のうへには瑞夢とてあることなり。なほもつてかやうの金言のことばはしるすべしと。

（『蓮如上人御一代記聞書』第二五六条、『註釈版』一三一六頁）

【意訳】夢というのは概して妄想であるが、仏や菩薩の化身であるお方は、夢に姿をあらわして教え導くということがある。だから、なおさらのこと、このような夢の中での尊いお言葉を書き記しておくのである。

（『蓮如上人御一代記聞書（現代語版）』一六八頁参照）

と述べられています。「瑞夢」とは、神秘で不思議な実夢（事実と合致する夢、正夢）

のことで、夢のお告げは「夢想」ともいわれます。

仏教では、夢にも「真実の夢」と「虚偽の夢」（うそ・いつわりの夢）があり、日頃の考え事が夢に現れたものや、体の四大（物質を構成する地・水・火・風の四元素）の不均衡によって生じる夢などは「虚偽の夢」である、とされています。それに対して、善導大師や蓮悟師の夢は、仏や菩薩のご化身さまが姿を現された「真実の夢」であり、「瑞夢」「実夢」「夢告」「夢想」などといえます。「化身」とは、生きとし生けるものを導くために、生きとし生けるものの性質や能力に応じて、様々なすがたを取って現れたものをいいます。

法然聖人が見られた浄土

建久九年（一一九八）一月一日から三十七日間、法然聖人（当時六十六歳）は毎日七万遍の念仏をお称えになって、その後も、お念仏中に、阿弥陀如来さま・観世音菩薩さま・大勢至菩薩さまと浄土の荘厳（うるわしさ、おごそかさ）をまの

あたりに感見された（感じ見られた）ことが、「三昧発得記」に記されています。一部、ご紹介しますと、「三昧発得記」に、

> 総じて水想・地想・宝樹・宝池・宝殿の五の観、始正月一日より二月七日にいたるまで、三十七箇日のあひだ毎日七万念仏、不退にこれをつとめたまふ。これによりて、**これらの相を現ず**とのたまへり。（中略）正治二年二月のころ、地想等の五の観、行住座臥こゝろにしたがふて、任運に**これを現ずと**［云々］。
>
> 建仁元年二月八日の後夜に、鳥のこゑをきく、またことのおとをきく、ふえのおとらをきく。そのゝち、日にしたがふて自在にこれをきく、しやう（笙）のおとらこれをきく。さまざまのおと。正月五日、**三度勢至菩薩の御うしろに、丈六ばかりの勢至の御面像現ぜり**。これをもてこれを推する、西の持仏堂にて勢至菩薩の形像より丈六の面を出現せり。これすなわちこれを推するに、この菩薩すでにもて、念仏法門の所証のためのゆへに、いま念仏者のためにそのかたちを示現したまへり、これをうたがふべからず。

（『西方指南抄』巻中本・三「三昧発得記」、『聖典全書』三・九二七—九二八頁参照）

【意訳】全部で水想観・地想観・宝樹観・宝池観・宝楼観の五つの観について、正月一日から二月七日に至るまでの三十七日間、（法然聖人は）毎日、七万回の念仏を怠ることなくお勤めになる。それによって、**これら（極楽浄土の水・大地・宝の樹・宝の池・宝の宮殿）の相が現れた**、と仰せになった。（中略）

正治二年（一二〇〇、六十八歳）二月頃、地想観などの五つの観法（水想観・地想観・宝樹観・宝池観・宝楼観）を、歩く・とどまる・座る・臥すときにも、心にしたがい、自然に任せて、**これら（極楽浄土の水・大地・宝の樹・宝の池・宝の宮殿）が現れる**。

建仁元年（一二〇一、六十九歳）二月八日の後夜に、鳥の声を聞く、また、琴の音を聞く、笛の音などを聞く。そののち、日によって、自在にこれら（鳥・琴・笛の音など）を聞く、笙の音などを聞く。様々な音を聞く。正月五日、三度、**勢至菩薩のお後ろに、一丈六尺（約四・八五メートル）ほどの勢至菩薩のお顔の像が現れた**。これによって推測すると、西の持仏堂において勢至菩薩の形像から丈六（約四・八五メートル）のお顔が現れ出たのであろう。このことから、また推測すると、この勢至菩薩は念仏法門の正しさを証明するために、今、念仏者のために、そのお姿を示し現れてくださった、これを疑ってはならない。

と、法然聖人が六十八歳の頃にも極楽浄土の水・大地・宝の樹・宝の池・宝の宮殿を見たてまつり、六十九歳の時には大勢至菩薩さまを感じ見られたことが述べられています。

最後には、

建仁二年十二月廿八日、高畠小将きたれり。持仏堂にしてこれに謁す。**そのあひだ例のごとく念仏を修したまふ。阿弥陀仏をみまいらせてのち、障子よりすきとほりて仏の面像を現じたまふ、**大丈六のごとし。仏面すなわちまた隠たまひ了。廿八日午時の事也。

元久三年正月四日、**念仏のあひだ三尊大身を現じたまふ。また五日、三尊大身を現じたまふ。**

聖人のみづからの御記文なり。

（『西方指南抄』巻中本・三「三昧発得記」、『聖典全書』三・九二八―九二九頁参照）

【意訳】建仁二年（一二〇二、七十歳）十二月二十八日、高畠の少将が来た。持仏堂で高畠の少将と対面する。**その間、法然聖人は例のごとく念仏を修められる。阿弥陀仏を見たてまつったのち、障子を透き通って阿弥陀仏がお顔の像を現じなさる。**大きさは一丈六尺（約四・八五メートル）ほどである。阿弥陀仏のお顔は、またお隠れになった。二十八日、午の時（十二時）のことである。

元久三年（一二〇六、七十四歳）正月四日、**念仏を称えている間に、阿弥陀三尊（阿弥陀仏・観世音菩薩・大勢至菩薩）が大きな身を現じなさる。**また、五日、**阿弥陀三尊が大きな身を現じなさる。**

右は法然聖人が自ら記された文である。

と結ばれています。法然聖人が七十歳の頃、阿弥陀如来さまを見たてまつり、七十四歳の時に阿弥陀如来さま・観世音菩薩さま・大勢至菩薩さまをご覧になったことが記録されています。

長きにわたり、善導大師と法然聖人の見仏（仏のすがたを見る宗教体験）について、ご紹介いたしました。

浄土真宗では、善導大師のように、願を立てたり、観想する（仏や浄土のすがたを心にこらして想い描く）必要はございません。また、法然聖人のように、特別に、場所、期間、念仏の回数などを定めて、その間、ひたすらお念仏に励むといったことが、必ずできないといけないわけでもありません。

ひとえに、阿弥陀如来さまよりめぐまれる「信心」一つで、お浄土に往生させていただけるという、誠に有り難いみ教えでございます。

今回は、浄土が実在する証文（証拠となるご文）として、お伝えさせていただきました。

真宗七高僧のご理解

極楽浄土が西の方にあるかないかといった問題については、昔から、大きく分けて二つの説があるともいわれます。極楽浄土は私たちの住む世界より西方にあって、迷いの世界（私たちの宇宙世界）の外に客観的に実在するという説と、極楽浄土は西方十万億土に客観的に存在するのではなく、私（自己）の心に在るとする説でございます。

前者の説に関して、「真宗七高僧」の龍樹菩薩（一五〇頃〜）、天親菩薩（四〇〇〜四八〇頃）、曇鸞大師（四七六〜五四二）、道綽禅師（五六二〜六四五）、善導大師（六一三〜六八一）、源信和尚（九四二〜一〇一七）、源空聖人（法然聖人）（一一三三〜一二一二）をはじめ、数多くの祖師方が、極楽浄土は客観的に実在すると、自らも信じ、人にも教えられたのであり、「浄土門」に属する浄土真宗・浄土宗等の人々は皆、このように主張される、といわれています。

「真宗七高僧」とは、親鸞聖人が真宗の祖師と定めて尊び崇められた七人の高僧のことです。インドの龍樹菩薩・天親菩薩、中国の曇鸞大師・道綽禅師・善導大師、日本の源信和尚・源空聖人（法然聖人）にあらせられます。

「浄土門」とは「往生浄土門」の略であり、阿弥陀如来さまの願いの力（他力）によって、浄土に往生し、さとりを開く教えのことです。それに対して、「聖道門」

は、自力の修行によって、この世でさとりを開く教えをいいます。

一方、極楽浄土は客観的に存在するのではなく心に在るという、後者の説のような捉え方について、親鸞聖人は、

> しかるに末代の道俗、近世の宗師、自性唯心に沈みて浄土の真証を貶す、定散の自心に迷ひて金剛の真信に昏し。
>
> （『教行信証』「信巻」別序、『註釈版』二〇九頁）
>
> 【意訳】ところが、末法の世の出家のものや在家のもの、また近頃の各宗の人々の中には、自らの心をみがいてさとりを開くという聖道門の教えにとらわれて、西方浄土の往生を願うことをけなし、また定善・散善を修める自力の心にとらわれて、他力の信を誤るものがある。
>
> （『教行信証（現代語版）』一五五頁参照）

と誡められています。「自性唯心」とは、すべてのものは心の現れであり、自己の心以外に何ものもないとする考えであり、その心をもって、阿弥陀仏といい、浄土であると主張するものです。このように、阿弥陀仏も浄土も自己の心に在ることを「己心の弥陀、唯心の浄土」「己心の浄土、唯心の弥陀」といいます。

親鸞聖人は「自性唯心に沈みて浄土の真証を貶す」と、末法や当時の人々が、このような考え方（後者の説）にとらわれて、西方の浄土を願うことをけなしている、と批判されています。

したがって、浄土真宗では、極楽浄土は迷いの世界（私たちの宇宙世界）の外に客観的に実在する、と知るべきであります。補足しておきますと、「己心（唯心）の弥陀、唯心（己心）の浄土」、すなわち、阿弥陀仏も浄土も自己の心に在るという捉え方自体は、これもまた真理の一つであり、正しいものであります。

しかしながら、この考え方だけにのめり込んで、私たちの宇宙世界の外に実在する浄土まで否定するのは間違いであると、親鸞聖人は示されています。

第二節　さとりの世界

真実の浄土と往生成仏

阿弥陀仏の浄土について、親鸞聖人は「真実の浄土」（真実報土）と「方便の浄土」

（方便化土）とを区別されています。「真実の浄土」とは、「他力の信心」を得たものが往生する浄土のことです。それに対して、「方便の浄土」は、「自力の信心」を得たものが往生する浄土で、阿弥陀仏が自力の行者のために、仮に現された浄土をいいます。

「他力」について、親鸞聖人は、

他力といふは如来の本願力なり。

（『教行信証』「行巻」、『註釈版』一九〇頁）

【意訳】**他力**とは如来の本願のはたらきである。（『教行信証（現代語版）』一一五頁）

と述べられています。つまり、「他力」とは、阿弥陀如来さまの願いの力を指し、「自力」は、自分の身口意（体・口・心）の行いの力をいいます。

「他力の信心」は、阿弥陀如来さまの願いを疑いなく信ずる心、阿弥陀如来さまの願いにすべてをおまかせすることであり、「自力の信心」は、阿弥陀如来さまの願いを疑い自分の行いの力を信ずる心、阿弥陀如来さまの願いを疑い自分の行いを当てにして浄土に往生しようとすることといえます。

言い方を換えますと、「他力の信心」は、阿弥陀如来さまよりいただく仏心（仏の大いなる慈悲の心）、阿弥陀如来さまの願いの力によってめぐまれる心であり、「自力の信心」は、自分でおこす心、自分の力によっておこす心と申せましょう。

「真実の浄土」について、親鸞聖人は「真仏土文類」の初めに、

つつしんで真仏土を案ずれば、仏はすなはちこれ不可思議光如来なり、土はまたこれ無量光明土なり。

（『教行信証』「真仏土巻」、『註釈版』三三七頁）

【意訳】つつしんで、真実の仏と浄土をうかがうと、仏は思いはかることのできない光明の如来であり、浄土はまた限りない光明の世界である。

（『教行信証（現代語版）』三八三頁参照）

と述べられています。浄土真宗の信心（「他力の信心」）をめぐまれたものが往生させていただける「真実の浄土」は、「無量光明土」といい、限りないひかりの世界であることを教えてくださっています。

皆さまもよくあげられる「正信偈」にも、

惑染凡夫信心発　証知生死即涅槃
必至無量光明土　諸有衆生皆普化

（『聖典全書』二・六三頁参照）

〈惑染の凡夫、信心発すれば、生死すなはち涅槃なりと証知せしむ。かならず無量光明土に至れば、諸有の衆生みなあまねく化すといへり〉

（親鸞聖人『教行信証』「行巻」「正信念仏偈」、『註釈版』二〇六頁）

【意訳】「煩悩具足の凡夫でも、この信心を得たなら、仏のさとりを開くことができる。はかり知れない光明の浄土に至ると、あらゆる迷いの生きとし生けるものを導くことができる」と、（曇鸞大師は）述べられた。

（『教行信証（現代語版）』一四九頁参照）

と、「他力の信心」をいただいたものは「無量光明土」に往生して、仏と成らせていただき、あらゆる迷いの世界の生きとし生けるものを導くことができる、と示されています。「煩悩具足の凡夫」とは、煩悩をことごとく身にそなえて六道（地獄・餓鬼・畜生・修羅・人間・天）を輪廻するものをいいます。

親鸞聖人『高僧和讃』には、

安養浄土の荘厳は　唯仏与仏の知見なり

究竟せること虚空にして　広大にして辺際なし

（『高僧和讃』天親讃、『註釈版』五八〇頁）

【意訳】阿弥陀仏の浄土のうるわしいすがたを見ることができるのは、ただ仏がただけである。その果てしないことは虚空のようであり、広大できわまりがない。

（『三帖和讃（現代語版）』七七頁参照）

と、「真実の浄土」である安養浄土のうるわしいすがたは、仏だけが見て知ることができ、はかり知れないことは虚空（一切のものが存在する大空間）のようであり、広大であってきわまりがない、と讃えられています。

親鸞聖人は『唯信鈔文意』に、

「極楽無為涅槃界」といふは、「極楽」と申すはかの安楽浄土なり、よろづのたのしみつねにして、くるしみまじはらざるなり。かのくにをば安養といへり。曇鸞和尚は、「ほめたてまつりて安養と申す」とこそのたまへり。また『論』（浄土論）には、「蓮華蔵世界」ともいへり、「無為」ともいへり。「涅槃界」といふは無明のまどひをひるがへして、無上涅槃のさとりをひらくなり。「界」はさかひといふ、さとりをひらくさかひなり。

（『唯信鈔文意』、『註釈版』七〇九頁）

【意訳】「極楽無為涅槃界」について、「極楽」というのは**阿弥陀仏の安楽浄土**のことである。そこではあらゆる楽しみが絶えることなく、苦しみがまじらないのである。その国を**安養**といわれる。それで、曇鸞大師は『讃阿弥陀仏偈』に「浄土をほめたたえて**安養**と申し上げる」と述べられている。また、『浄土論』には「**蓮華蔵世界**」ともいわれている。「無為」ともいわれている。「涅槃界」というのは、無明の迷いを転じて、この上ない涅槃のさとりを開くのであり、「界」は世界ということであって、浄土はさとりを開く世界なのである。

（『唯信鈔文意（現代語版）』二一—二二頁参照）

と、「真実の浄土」は、「安楽浄土」「安養」「蓮華蔵世界」といい、さとりの世界そのものであることを示されています。よって、「他力の信心」を得たものは、「真実の浄土」に生まれ、ただちにさとりを開くことができるわけであります。

浄土に往生した後はどうなる

浄土に往生し、さとりを開いて仏と成らせていただけたら、それで終わりではありません。後で詳しく申しますが（本書一四三頁～）、自らもさとりを得て、生きとし生けるものを救う大悲（大いなる慈悲の心）もそなえ、「智慧」と「慈悲」とに欠けるところがないのが「仏」であります。「智慧」とは「真実を見抜く力」「真理を見通す力」を指し、「慈悲」は「生きとし生けるものの苦を除いて楽を与える心」をいいます。よって、「仏」と成れたら、苦しんでいるものたちを放ってはおけず、今度は、生きとし生けるものを救うために、迷いの世界に還ってくることとなります。

ただし、これまでのような、限りない過去から六道を輪廻して苦しみ続けてきた在り方ではなく、大いなる慈悲をそなえた上で、生きとし生けるものを導くために還ってまいります。

親鸞聖人は、

願土にいたればすみやかに　無上涅槃を証してぞ
すなはち大悲をおこすなり　これを回向となづけたり
（『高僧和讃』天親讃、『註釈版』五八一頁）

【意訳】阿弥陀仏の浄土に往生すると、速やかに、この上ない涅槃のさとりを開き、そのまま大いなる慈悲の心をおこすのである。このことを、阿弥陀仏のはたらきによる回向というのである。
（『三帖和讃（現代語版）』八一頁参照）

と讃えられています。阿弥陀仏の浄土に往生すると、速やかに、この上ないさとりを開いて、そのまま大いなる慈悲をおこすのである、と述べられています。

「涅槃」とは、すべての煩悩を滅したさとりの境地のことです。

「回向」は、阿弥陀仏が本願力（願いの力）をもって、その功徳を生きとし生けるものにふりむけることをいいます。

すなわち、私たちが浄土に往生すること（往相）も、この世に還ってきて生きとし生けるものを救うこと（還相）も、すべては、阿弥陀如来さまからのお恵み（回向）であることが示されています。

また、親鸞聖人は『浄土和讃』にも、

安楽浄土にいたるひと　五濁悪世にかへりては
釈迦牟尼仏のごとくにて　**利益衆生はきはもなし**

（『浄土和讃』讃阿弥陀仏偈讃、『註釈版』五六〇頁）

【意訳】阿弥陀仏の浄土に往生した人は、さまざまな濁りと悪に満ちた世に還り来て、釈尊（釈迦如来）のように、**どこまでもすべてのものを救うのである。**

（『三帖和讃（現代語版）』一六頁参照）

と詠まれています。浄土に往生したものは、濁りと悪に満ちた世に還ってきて、誠に畏れ多いことでありますが、お釈迦さまのように、すべてのものを救うことができる、と教えてくださっています。

『歎異抄』には、もう少し詳しく、どのように生きとし生けるものを救うか、が明かされています。『歎異抄』第四条に、親鸞聖人は、次のように仰せられています。

慈悲に聖道・浄土のかはりめあり。聖道の慈悲といふは、ものをあはれみ、かなしみ、はぐくむなり。しかれども、おもふがごとくたすけとぐること、きはめてありがたし。浄土の慈悲といふは、念仏して、いそぎ仏に成りて、大慈大悲心をもつて、おもふがごとく衆生を利益するをいふべきなり。今生に、いかにいとほし不便とおもふとも、存知のごとくたすけがたければ、この慈悲始終なし。しかれば、念仏申すのみぞ、すゑとほりたる大慈悲心にて候ふべきと云々。

（『歎異抄』第四条、『註釈版』八三四頁参照）

【意訳】慈悲について、聖道門と浄土門とでは、違いがあります。

聖道門の慈悲とは、すべてのものをあわれみ、いとおしみ、はぐくむことです。しかし、思いのままに救いとげることは、きわめて難しいことです。

一方、浄土門の慈悲とは、念仏して（浄土に往生して）速やかに仏となり、その大いなる慈悲の心で、思いのままにすべての生きとし生けるものを救うことをいうのです。

この世に生きている間は、どれほどかわいそうだ、気の毒だと思っても、思いのままに救うことはできないのだから、このような慈悲は完全なものではありません。ですから、ただ念仏することだけが、本当に徹底した大いなる慈悲の心なのです。

このように聖人は仰せになりました。（『歎異抄（現代語版）』九―一〇頁参照）

浄土門の慈悲とは、お念仏申して浄土に往生し、速やかに仏と成り、大いなる慈悲の心で、思いのままにすべての生きとし生けるものを救うことをいう、と述べられています。つまり、大いなる慈悲の心で「思いのままに」すべての生きとし生けるものを救えることが示されています。

『歎異抄』第五条には、親鸞聖人が次のように明かされています。

親鸞は父母の孝養のためとて、一返にても念仏申したること、いまだ候はず。そのゆゑは、一切の有情はみなもつて世々生々の父母・兄弟なり。いづれもいづれも、この順次生に仏に成りてたすけ候ふべきなり。わがちからにてはげむ善にても候はばこそ、念仏を回向して父母をもたすけ候はめ。ただ自力をすてて、いそぎ浄土のさとりをひらきなば、六道四生のあひだ、いづれの業苦にしづめりとも、神通方便をもつて、まづ有縁を度すべきなりと云々。

（『歎異抄』第五条、『註釈版』八三四―八三五頁参照）

【意訳】親鸞は亡き父母の追善供養のために念仏したことは、かつて一度もありません。

というのは、命のあるものはすべてみな、これまで何度となく生まれ変わり死に変わりしてきた中で、父母であり兄弟・姉妹であったのです。この世の命を終え、浄土に往生してただちに仏となり、**どのものをもみな救わなければならないのです。**

念仏が自分の力で努める善でありますなら、その功徳によって亡き父母を救いもしましょうが、念仏はそのようなものではありません。

自力にとらわれた心を捨て、速やかに浄土に往生してさとりを開いたなら、**迷いの世界にさまざまな生を受け、どのような苦しみの中にあろうとも、自由自在で不可思議なはたらきにより、何よりもまず縁のあるものたちを救うことができるのです。**

このように聖人は仰せになりました。　（『歎異抄（現代語版）』一〇―一一頁参照）

浄土真宗の他力念仏（阿弥陀仏の願いを信じて一心に名号を称えること）に帰依して、速やかに浄土に往生してさとりを開いたなら、迷いの世界で、いかなる苦しみを受けているものがいても、自由自在で不可思議なはたらきによって、何よりもまず縁のあるものたちを救うことができる、と述べられています。

すなわち、「どんな苦しみを受けているものがいても、不可思議なはたらきによって、自由自在に、まず自分に関係のあるものたちを救うことができる」とお示しになっています。

つまるところ、浄土に往生し、さとりを開いて成仏したら、大いなる慈悲をそなえ、不可思議なはたらきによって、どんなに苦しみを受けているものがいても、自由自在に、思いのままに、まず自分と縁のあるものたちを救うことができる、ということであります。

さらに、親鸞聖人は「証文類」に「生きとし生けるもの救うために様々なすがたを現す」ことも示されています。

「証文類」に引用される、曇鸞大師の『往生論註』巻下には、

「出第五門とは、大慈悲をもつて一切苦悩の衆生を観察して、**応化身**を示して、生死の園、煩悩の林のなかに回入して、神通に遊戯し、教化地に至る。本願力の

回向をもつてのゆゑに。これを出第五門と名づく」（浄土論）とのたまへり。「**応化身を示す**」といふは、『法華経』の普門示現の類のごときなり。

（『教行信証』「証巻」、『註釈版』三三四頁参照）

【意訳】『浄土論』に、「出の第五門とは、大慈悲の心をもって、苦しみ悩むすべての生きとし生けるものを観じて、**生きとし生けるものを救うための様々なすがたを現し**、煩悩に満ちた迷いの世界に還ってきて、神通力をもって思いのままに、生きとし生けるものを教え導く位に至ることである。このようなはたらきは、阿弥陀仏の本願力の回向によるのである。これを出の第五門という」と述べられている。「**救うための様々なすがたを現す**」とは、『法華経』の「普門品」に、**観音菩薩が生きとし生けるものを救うために様々なすがたを現す**ことが説かれているようなものである。

（『教行信証（現代語版）』三七七—三七八頁参照）

と述べられています。浄土に往生し、仏のさとりを開いたら、大慈悲の心をもって、生きとし生けるものを救うために様々なすがたを現し、煩悩に満ちた迷いの世界に還ってきて、自由自在に、思いのままに、生きとし生けるものを教え導くことが明かされています。これらは皆、阿弥陀如来さまの本願力（願いの力）によるものである、と示されています。

「普門示現」とは、観世音菩薩さま（観自在菩薩さま、観音さま）が仏・天神・鬼神・龍神・出家者・在家者・国王・役人・男性・女性・大人・子どもなど、三十三の姿（三十三身）を現して、生きとし生けるものの、あらゆる難を除き、願いを満たすことをいいます。ちなみに、三十三所観音巡礼や京都市東山区の三十三間堂（蓮華王院本堂）の「三十三」も、観世音菩薩さまが変化される「三十三身」に基づいています。

『法華経』の「普門品」は、『妙法蓮華経』「観世音菩薩普門品第二十五」のことで、「観音経」として知られています。「普門品」には、観世音菩薩さまが生きとし生けるものを様々な苦難や災難からお救いくださることが説かれています。

では、観世音菩薩さまは、三十三身以外には化身されないのか、と言いますと、そうではありません。生きとし生けるものに合わせて、ありとあらゆるすがたに身を変えて、お導きくださっています。あらゆる時空に無限・無数の身を現し、今ここに、現在も、お護りあそばし、お救いくださっています。

実際に、西域の興林国の第三王女 妙善姫（前二五〇頃）、中国禅宗の初祖達磨大師（五、六世紀頃）、中国天台宗の第二祖 慧思禅師（五一五～五七七）、日本仏教の始祖 聖徳太子（五七四～六二二）、神呪寺の開基 如意尼公（八〇三～八三五）、比叡山中興の祖 良源上人（九一二～九八五）等々は皆、観世音菩薩さまのご化身さまと仰がれています。諸説ございますが、親鸞聖人のご内室さまや蓮如上人のご母堂さまも、観世音菩薩さまのご化身さまといわれています。また、京都のお寺に、観世音菩薩さまが身を「猪（鹿）」や「霊芝」（キノコの一種）等に変現されたお話も残っております。

すなわち、仏・如来さまのように、仮に様々な相や形を現して、生きとし生けるものを導くことができ、救うべきものの素質や能力に応じて、仏、菩薩、明王、神、人、植物、鉱物、動物、虫、物、気、煙、振動、声、音、雨、風、水、火、炎、草、木、土、金属、山、谷、大地、島、陸、川、池、湖、海、太陽、月、星、銀河、日光、月光、光明、空、景色、夢告、現象…等々、あらゆる相や形を示して、自由自在に、思いのままに、救うことができるわけであります。

それから、観世音菩薩さまのみならず、普賢菩薩さまのようにも、生きとし生けるものを救うことができると、親鸞聖人は顕されています。

『浄土和讃』に、親鸞聖人は次のように歌われています。

安楽無量の大菩薩　一生補処にいたるなり
※普賢の徳に帰してこそ　穢国にかならず化するなれ
（『浄土和讃』讃阿弥陀仏偈讃、『註釈版』五五九頁）


【意訳】阿弥陀仏の浄土の数限りない菩薩がたは、一生補処の位に至るのである。これらの菩薩は、大いなる慈悲のはたらきをそなえ、必ず迷いの世界に還り来て、あらゆるものを教え導くのである。

（『三帖和讃（現代語版）』一四頁参照）

※「普賢の徳」のご左訓（異本）
われら衆生、極楽にまゐりなば、大慈大悲をおこして十方に至りて衆生を利益するなり。仏の至極の慈悲を普賢とまうすなり。

（国宝本『浄土和讃』讃阿弥陀仏偈讃、『註釈版』五五九―五六〇頁・脚註参照）

【意訳】わたしたち生きとし生けるものが極楽浄土に往生させていただいたら、大いなる慈悲の心をおこし、あらゆる世界に還ってきて、生きとし生けるものを教え導いて救うのである。**仏のこの上ない慈悲を普賢と申し上げる。**

「一生補処の位」は、一生を過ぎれば仏の位（仏処）を補うべき地位という意味であり、次の生涯には仏に成れる、菩薩の最高位のことです。

『浄土和讃』の国宝本・顕智本では、「普賢の徳」のご左訓（お左仮名）に、仏のこの上ない慈悲を普賢と申し上げる、と示されています。「左訓」（左仮名）とは、本文の左側に、語句の説明や漢字の読みなどが記されたものです。親鸞聖人のご著作や書写本に多く見られます。

つまり、浄土に往生してさとりを開いたなら、普賢菩薩さまのような、大いなる慈悲のはたらきをそなえ、あらゆる世界に還ってきて、あらゆるものを教え導くのである、と明かされています。

また、『高僧和讃』には、親鸞聖人が次のように讃ぜられています。

還相の回向ととくことは　利他教化の果をえしめ
すなはち諸有に回入して　※普賢の徳を修するなり

（『高僧和讃』曇鸞讃、『註釈版』五八四頁）

【意訳】還相の回向として説かれているのは、私たちが、生きとし生けるものを思いのままに教え導くというさとりを与えられ、ただちに迷いの世界に戻って、大いなる慈悲の心から、あらゆるものを救わせていただくということである。

（『三帖和讃（現代語版）』八九頁参照）

※「普賢」のご左訓（異本）

普賢といふは仏の慈悲の極まりなり。

（国宝本『高僧和讃』曇鸞讃、『註釈版』五八四頁・脚註参照）

【意訳】普賢というのは、仏の慈悲の極まりである。

「普賢の徳を修するなり」とは、普賢菩薩さまのように、通常に超えすぐれて、菩薩の徳をすべてそなえ、限りない慈悲の行を実践できる、といった意でございます。『高僧和讃』の国宝本では、「普賢」のご左訓（お左仮名）に、普賢というのは、仏の慈悲の極まりである、ということが記されています。

すなわち、還相の回向とは、阿弥陀如来さまの本願力（願いの力）によって、浄土に往生して仏のさとりを開いたなら、生きとし生けるものを思いのままに教え導くはたらきを与えられ、ただちに迷いの世界に戻って、普賢菩薩さまのように、大いなる慈悲の心から、あらゆるものを救わせていただくことであります。

観世音菩薩さまは阿弥陀如来さまの脇士（仏の両脇に侍する方）、普賢菩薩さまは釈迦如来さまの脇士にあらせられます。観世音菩薩さまも普賢菩薩さまも、共に「慈悲」をつかさどる菩薩さまでいらっしゃいます。

阿弥陀如来さまの願いのお力によって、他力の信心をめぐまれ、私たちも浄土に往生して、さとりを開いて仏と成れた（往相）なら、観世音菩薩さまや普賢菩薩さまのように、大いなる「慈悲」の心をもって、生きとし生けるものの素質や能力に応じて、仮に様々なすがたや形を現し、煩悩に満ちた迷いの世界に還ってきて、自由自在に、思いのままに、生きとし生けるものを教え導いて救い取ることができる（**還相**）わけであります。

これらはすべて、ひとえに、阿弥陀如来さまが私たち生きとし生けるものに施し、お与えくださるお恵み（**回向**）なのでございます。

方便の浄土

「方便の浄土」について、親鸞聖人は「化身土文類」の初めに、

つつしんで化身土を顕さば、仏は『無量寿仏観経』の説のごとし、真身観の仏これなり。土は『**観経**』の浄土これなり。また『菩薩処胎経』等の説のごとし、すなはち**懈慢界**これなり。また『大無量寿経』の説のごとし、すなはち**疑城胎宮**これなり。（『教行信証』「化身土巻」、『註釈版』三七五頁）

【意訳】つつしんで、方便の仏と浄土を顕せば、仏は『観無量寿経』に説かれている真身観の仏であり、浄土は『**観無量寿経**』**に説かれている浄土**である。

また、『菩薩処胎経』などに説かれている懈慢界である。また、『無量寿経』に説かれている疑城胎宮である。
（『教行信証（現代語版）』四五三頁参照）

と示されています。阿弥陀如来さまの願いを疑い、自力の信心を得たものが往生する「方便の浄土」は、「『観無量寿経』に説かれる浄土」「懈慢界」「疑城胎宮」などであることを明かされています。少し専門的な内容になりますが、大切なところでもございますので、ご説明しておきます。

「『観無量寿経』に説かれる浄土」は、『観無量寿経』に説かれる、具体的な相や形をとる浄土のことです。「懈慢界」は、なまけ、おごる自力心のものがとどまるところの意です。「疑城」とは、本願を疑う自力の行者がとどまるところの意で、浄土に生まれても、蓮華の中に包まれて、母の胎内にいるかのごとく、仏に遇わず、法（真理、教え）を聞かず、聖聚（浄土の聖者）を見ることができないことから、「胎宮」ともいいます。

(一) 懈慢界

「懈慢界」について、親鸞聖人は「化身土文類」に、源信和尚が『往生要集』巻下に引用される懐感禅師『群疑論』巻四を引かれています。

> 問ふ。『菩薩処胎経』の第二に説かく、「西方この閻浮提を去ること十二億那由他に懈慢界あり。〔乃至〕意を発せる衆生、阿弥陀仏国に生ぜんと欲ふもの、みな深く懈慢国土に着して、前進んで阿弥陀仏国に生ずることあたはず。億千万の衆、時に一人ありて、よく阿弥陀仏国に生ず」と云々。
>
> （『教行信証』「化身土巻」、『註釈版』三八〇頁参照）

【意訳】問うていう。『菩薩処胎経』の第二巻に、「この世界から西方へ十二億那由他のところに懈慢界がある。（中略）さとりを求める心をおこして阿弥陀仏の浄土に生まれようと願う生きとし生けるものは、ほとんどみな懈慢界に深く執着してとどまり、そこから進んで阿弥陀仏の浄土に生まれることができない。億千万もの人々の中で、阿弥陀仏の浄土に生まれることができるのは一人いるかどうかである」と説かれている。

（『教行信証（現代語版）』四六一―四六二頁）

「『菩薩処胎経』の第二巻」とありますが、現行の『菩薩処胎経』では第三巻のご文のようです。『大無量寿経』や『阿弥陀経』に、阿弥陀仏の浄土が西の方へ「十万億」もの仏土を過ぎたところに実在すると説かれていたように（本書二四頁～）、『菩薩処胎経』巻三には、懈慢界が西の方へ「十二億那由他」のところに存在することが示されています。

一般的な数の単位としては「一・十・百・千・万・億・兆・京・垓・秭・穣・溝・澗・正・載・極・恒河沙・阿僧祇・那由他・不可思議・無量大数」の「億」と「那由他」であります。単純計算では、一億×一那由他＝一無量大数となります。

阿弥陀仏の浄土の「十万億」（一〇×一万×一億＝十兆）は、一応、数字的には「十兆」のことであったように、懈慢界の「十二億那由他」も、数字的には「十二無量大数」といえます。ご参考までに申しますと、「兆」は十の十二乗であるのに対し、「無量大数」は十の六十八乗です。

単位だけを見ますと、懈慢界の「十二億那由他」の方が、阿弥陀仏の浄土の「十万億」よりも遠いように感じますが、阿弥陀仏の浄土は「十万億の仏土を過ぎたところ」（『阿弥陀経』意訳、本書二五頁）と、「仏土」が出てまいりますが、懈慢界の

「十二億那由他」には「十二億那由他のところ」(『教行信証』「化身土巻」意訳、本書六五頁)と、「仏土」も何も書かれてありません。

では、阿弥陀仏の浄土と懈慢界の位置関係は、どうなっているかと言いますと、仏教において、懈慢界は、阿弥陀仏の浄土に至るまでの中間に位置する国土である、といわれています。阿弥陀仏の浄土と私たちの世界との中間に、懈慢界が存在します。したがって、懈慢界は、私たちの宇宙世界の外に、西の方へ十二億那由他のところに、異次元・異時空(異なる次元・異なる時空)の世界として実在しているわけであります。

親鸞聖人は、自分の力で念仏以外のあらゆる善ともろもろの行を修め、その功徳によって浄土に往生しようとするものが「懈慢界」に生まれる、と示されています。『菩薩処胎経』巻三には「億千万もの人々の中で、阿弥陀仏の浄土に生まれることができるのは一人いるかどうかである」と説かれ、それだけ阿弥陀仏の願いを疑いなく信ずること、他力(阿弥陀仏の願いの力・はたらき)にまかせることは難しく、いかに、自分が修めた善行(善い行い)を当てにして、浄土往生に役立てようとするものが多いか、を教えてくださっています。

(二) 疑城胎宮

「疑城胎宮」について、『大無量寿経』巻下に、

もし衆生ありて、**疑惑の心**をもつてもろもろの功徳を修して、かの国に生れんと願はん。仏智・不思議智・不可称智・大乗広智・無等無倫最上勝智を了らずして、この諸智において疑惑して信ぜず。しかるになほ罪福を信じ、善本を修習して、その国に生れんと願ふ。このもろもろの衆生、かの宮殿に生れて、寿五百歳、つねに仏を見たてまつらず、経法を聞かず、菩薩・声聞の聖衆を見ず。このゆゑに、かの国土においてこれを**胎生**といふ。

（『仏説無量寿経』巻下、『註釈版』七六―七七頁参照）

【意訳】さまざまな功徳を積んで、その国（阿弥陀仏の浄土）に生まれたいと願いながら、**疑いの心**を持っているものがいて、無量寿仏（阿弥陀仏）の五種の智慧を知らず、この智慧を疑って信じない。それでいて悪の報いを恐れ、善の果

報を望んで善い行いをし、功徳を積んで、その国に生まれたいと願うのであれば、これらのものは、その国に生まれても宮殿の中にとどまり、五百年の間、全く仏を見たてまつることができず、教えを聞くことができず、菩薩や声聞たちを見ることもできない。そのため、無量寿仏の国土（阿弥陀仏の浄土）では、これを例えて**胎生**というのである。

（『浄土三部経（現代語版）』一四〇―一四一頁参照）

と、阿弥陀仏のすぐれた智慧の不思議を疑い、自分の力をたのんで善行や念仏を励む行者は、阿弥陀仏の浄土に往生しても、五百年の間、仏に遇わず、法（真理、教え）を聞かず、聖聚（浄土の聖者）を見ることができず、それはあたかも母の胎内にいるかのようであるから「胎生」という、と説かれています。

親鸞聖人は、阿弥陀仏の本願を疑い、自分が行ずる念仏の功徳を積み重ねて、浄土に往生しようとするものが「疑城胎宮」に生まれる、と明かされています。『大無量寿経』巻下に、「疑城胎宮」に生まれるものは、「五百年の間、全く仏を見たてまつることができない…」と示されていましたが、『観無量寿経』では、推算すると、「五百年」どころか、おおよそ「何億年」もの間、仏に遇えないものも、たくさんいることが説き明かされています。

「懈慢界」と「疑城胎宮」について、お話ししましたが、詰まるところ、「『観無量寿経』に説かれる浄土」「懈慢界」「疑城胎宮」などは、いずれも「方便の浄土」（方便化土）であると、親鸞聖人はお示しくださいました。阿弥陀如来さまの智慧や本願を疑い、自分の修めた善い行いを役立てて浄土に往生しようとするものは、この「方便の浄土」に生まれ、そのままでは、さとりを開くことができません。

ですから、親鸞聖人は、どうか、どうか、阿弥陀如来さまの智慧や本願を疑いなく信じ、「他力の信心」をめぐまれて、「無量光明土」「安楽浄土」「安養（浄土）」「蓮華蔵世界」といった「真実の浄土」（真実報土）に生まれ、ただちに仏と成らせていただき、迷いの世界の生きとし生けるものを導いてくださいと、誰よりもご教示くださったわけであります。

仏がたにたたえられる安楽浄土

これまで、阿弥陀如来さまの浄土について、長らくご説明してまいりましたが、ご参考までに、薬師如来さまの浄土のこともご紹介しておきます。薬師如来さまの浄土は、『薬師経』に、

東方此を去ること十殑伽沙等仏土を過ぎて世界有り。名て**浄瑠璃**。仏を**薬師瑠璃光如来**（中略）と号したてまつる。

（『薬師瑠璃光如来本願功徳経』、『大正新脩大蔵経』一四・四〇五頁上、原漢文）

【意訳】東の方に、ここから十恒河沙などの仏がたの国々を過ぎたところに、**浄瑠璃**と名づけられる世界がある。その世界の仏を**薬師瑠璃光如来**（中略）と申し上げる。

と説かれています。「殑伽沙」（恒河沙）とは、ガンジス川の無数の砂を意味し、無限の数量の例えとして仏典（仏教典籍）に用いられてきました。また、一般的な数の

単位としては「一・十・百・千・万・億・兆・京・垓・秭・穣・溝・澗・正・載・極・恒河沙・阿僧祇・那由他・不可思議・無量大数」であります。ちなみに、この最大の「無量大数」でも比べものにならないほどの、はるかに大きい単位も、仏教のお経には、まだまだ、いくつも記されています。

阿弥陀如来さまのお浄土（安楽世界・極楽浄土・安養浄土）は、私たちの宇宙世界の外に、西の方へ十兆もの別の宇宙世界を超えたところに実在している、と説かれていました（本書二四頁〜）。この兆は十の十二乗で、十兆は十の十三乗になるのに対し、恒河沙は十の五十二乗で、十恒河沙は十の五十三乗となります。

すなわち、単純計算では、薬師如来さまのお浄土（浄瑠璃世界・瑠璃光浄土）は、私たちの宇宙世界の外に、東の方へ十恒河沙（十の五十三乗）などの別の宇宙世界を超えたところに、異次元・異時空（異なる次元・異なる時空）の世界として実在しているわけであります。

このように、仏・如来は、大宇宙の彼方にご自身の本土・国土・世界をお持ちになっています。そのご自分の国・世界へ、特に、特に、皆さまを生まれさせようとなさってくださっているのが、阿弥陀如来さまなのです。お釈迦さまや祖師方も、殊に、阿弥陀如来さまの浄土へ生まれることをお勧めになっています。

真宗七高僧の第四祖 道綽禅師（五六二～六四五）の『安楽集』巻下に引かれる『十方随願往生経』に、

> ただ阿弥陀仏、観音・大勢至と先に発心したまひし時、この界より去りたまへり。**この衆生においてひとへにこれ縁あり。**このゆゑに釈迦処々に歎帰したまふ。
>
> （『安楽集』巻下、『七祖註釈版』二六九頁参照）
>
> 【意訳】ただ阿弥陀仏が観世音菩薩・大勢至菩薩とともに、かつて菩提心をおこされたとき、この娑婆世界から行かれたのであるから、**この世界の生きとし生けるものに、特に縁がある。**こういうわけで、釈迦仏は処々に西方浄土を讃嘆して帰せしめられるのである。

と説かれています。阿弥陀如来さまが昔、観世音菩薩さまと大勢至菩薩さまとご一緒に菩提心（さとりを求める心）をおこされたとき、この宇宙世界から行かれたので、この世界の生きとし生けるものに、特に縁がある。こういうわけで、お釈迦さまは、所々に「阿弥陀如来さまの浄土」をほめたたえられ、私たちに対して、安楽浄土に生まれさせていただくよう、何度もお教えくださっているわけであります。したがいまして、お釈迦さまや祖師方も皆、他の如来さまの浄土よりも一層、阿弥陀如来さまのお浄土へ生まれることをお勧めになっています。また、他の如来さま以上に、阿弥陀如来さまは、ご自身の安楽浄土に生きとし生けるものを迎えて救おうとされています。

薬師如来さまのお経である『薬師経』を拝見しますと、「阿弥陀如来さまの浄土に生まれることを願って、いまだ定まらない人が、薬師如来さまのお名号を聞けば、阿弥陀如来さまの浄土に生まれさせてくださる」（『大正蔵』一四・四〇六頁中、筆者意訳）といった内容も説かれています（ただし、浄土真宗では実践いたしません）。

それだけ阿弥陀如来さまは偉大な方であるということが、種々のお経に示されています。

第三章　阿弥陀仏の願い

第一節　法蔵菩薩の願いと修行

仏・如来の願い

○○仏・○○如来という方々は、通常、願いを建てられています。阿弥陀如来さまだけではなく、お釈迦さまである釈迦如来さま、薬師如来さまも願いを持たれています。その願いとは「いかにして生きとし生けるものを救うか」「どのようにして生きとし生けるものを救いたいか」といったものです。詳しく申しますと、阿弥陀如来さまは四十八の願い、釈迦如来さまは五百の願い、薬師如来さまは十二の願いを建てられています。

阿弥陀如来さまの第十八願は、端的に申しますと、「わたしを信じて念仏するものを必ず浄土に生まれさせよう」（本書一九頁〜）というものです。釈迦如来さまには「わたしは、神々や動物などの姿を取って、神々や動物を教化して、法（真理）を得させたい」（『悲華経』巻六、『大正蔵』三・二〇五頁下―二〇六頁上等、筆者意訳）といった願いがございました。薬師如来さまの第七願は「わたしの名号が一度でも耳に入るならば、あらゆる病気をことごとく除き、心と身を安楽にして、家族や生活のための道具がことごとく皆、豊かになり、最高のさとりを得させよう」（『薬師経』、『大正蔵』一四・四〇五頁上―中、筆者意訳）というものであります。如来さまそれぞれに特長がございます。

このような願いは、ただ願っているだけでは、生きとし生けるものを救えませんので、願いは実現しません。私たちの身近な例でも、今の日本では大体、どこかの学校に入りたいと思っても、ただ願っているだけでは入れません。それ相応の力（学力など）を付けないと、普通は入学できません。

ですから、仏・如来に成るために、まず「わたしはこのようにして生きとし生けるものを救いたい」といった願いを建てても、願っているだけでは、生きとし生けるものを救えませんので、それ相応の力、すなわち、生きとし生けるものを本当に救う力をそなえるべく、修行されるわけであります。その修行中の方、修行段階にいらっしゃる方を「菩薩」と呼びます。その修行を終えられた方が「仏」「如来」であり、まだ修行中の段階の方を「菩薩」と呼んでいるわけです。

阿弥陀さまも、阿弥陀仏・阿弥陀如来に成るためには、第十八願に「わたしを信じて念仏するものを必ず浄土に生まれさせよう」と誓われたとおり、阿弥陀さまを信じて念仏するものをすべて、動物も虫も皆、救って、阿弥陀さまの国に生まれさせるだけの力をそなえないといけません。

さらに、阿弥陀さまのお浄土について、親鸞聖人は「念仏正信偈」に、

清浄微妙無辺刹　広大荘厳等具足
種々功徳悉成満　超逾十方諸仏国

（『聖典全書』二・二六七頁参照）

〈**清浄微妙無辺の刹**、広大荘厳等具足せり。
種々の功徳ことごとく成満す。十方諸仏の国に超逾せり〉

（『浄土文類聚鈔』「念仏正信偈」、『註釈版』四八五頁）

【意訳】清らかですぐれた果てしない浄土は、広大な功徳によりうるわしくととのえられている。

様々な功徳をことごとくそなえていて、あらゆる仏がたの浄土よりもはるかに超えすぐれている。

（『浄土文類聚鈔　入出二門偈頌（現代語版）』二〇頁参照）

と、他の如来さまの浄土よりも、はるかに超えて、最もすぐれていることを示されています。

つまり、阿弥陀如来さまのお浄土は全宇宙で最高の世界であり、すべての世界の中で、阿弥陀如来さまのお浄土が一番すばらしいということになります。それだけの世界をお持ちになり、それに見合った力をそなえるには、それ相応のはかり知れない修行が必要でございます。

そのため、阿弥陀さまも、仏・如来に成られる前は「法蔵菩薩」と名のられ、ずっとずっと修行なさってこられたのであります。

法蔵菩薩の願い

「法蔵菩薩」さまのお名前は、『大無量寿経』に、

時に国王ありき。仏（世自在王仏）の説法を聞きて、心に悦予を懐く。すなはち無上正真道の意を発す。国を棄て王を捐てて、行じて沙門となる。号して**法蔵**といふ。

（『仏説無量寿経』巻上、『註釈版』一一頁参照）

【意訳】そのとき一人の国王がいた。世自在王仏の説法を聞いて深く喜び、そこでこの上ないさとりを求める心を起こし、国も王位も捨て、出家して修行者となり、**法蔵**と名のった。

（『浄土三部経（現代語版）』一七頁参照）

と示されています。

阿弥陀さまは、もともと国王であり、はるかな過去に、世自在王仏さまのみもとで、この上ないさとりを求める心を起こし、お釈迦さまと同じように国も王位も捨てて出家され、「法蔵」と名のられたことが分かります。「法蔵菩薩」と名のられる前

の国王の名は「無諍念王」であったといわれています。

親鸞聖人が『教行信証』「行巻」に引かれる、憬興師の『述文賛』巻下には、

すでに「この土にして菩薩の行を修す」とのたまへり。すなはち知んぬ、無諍王この方にましますことを。宝海もまたしかなり。

（『教行信証』「行巻」、『註釈版』一七六頁）

【意訳】すでに「この娑婆世界で菩薩の行を修められた」と説かれている。これによって、後に阿弥陀仏と成られた無諍念王が、この娑婆世界にいらっしゃったことが知られる。後に釈尊（釈迦如来）と成られた宝海梵志もまた同様である。

（『教行信証（現代語版）』八九頁参照）

と示されています。つまり、はかり知れない過去において、無諍念王は、正法によって全世界を統治するといわれる転輪聖王であり、宝海梵志は無諍念王の臣下（家来）でいらっしゃいました。この無諍念王と宝海梵志が、実は、阿弥陀さまとお釈迦さまのはかり知れない過去世のお姿でございました。さらに、宝海梵志のお子さまが、無諍念王と宝海梵志よりも先に仏・如来と成られ、その方こそ世自在王仏さ

まであり、無諍念王も宝海梵志も共に、世自在王仏さまのもとで願いをおこされた、といった内容が『悲華経』に明かされています。

すなわち、無諍念王・宝海梵志・宝海梵志の子が、阿弥陀如来さま・釈迦如来さま・世自在王仏さまの過去世のお姿であったことが知られます。これは余談ですが、無諍念王の第一子・第二子が、観世音菩薩さま・大勢至菩薩さまの過去世のお姿であったことなども、『悲華経』には、いろいろと説かれています。

私たちの想像を絶する、大世界の中で、大いなるご因縁の中で、こうして今、生かされ、誠にもって聞き難き、阿弥陀さまのみ教えにまで出遇わせていただけておりますこと、ひとえに、お念仏申すほかございません。

親鸞聖人の「正信偈」にも、

帰命無量寿如来　南無不可思議光
法蔵菩薩因位時　在世自在王仏所
観見諸仏浄土因　国土人天之善悪
建立無上殊勝願　超発希有大弘誓

五劫思惟之摂受　重誓名声聞十方

（『聖典全書』二・六〇頁参照）

〈無量寿如来に帰命し、不可思議光に南無したてまつる。
法蔵菩薩の因位の時、世自在王仏の所にましまして、
諸仏の浄土の因、国土人天の善悪を観見して、
無上殊勝の願を建立し、希有の大弘誓を超発せり。
五劫これを思惟して摂受す。重ねて誓ふらくは、名声十方に聞えんと〉

（『教行信証』「行巻」「正信念仏偈」、『註釈版』二〇三頁）

【意訳】限りない命の如来に帰命し、思いはかることのできない光の如来に帰依したてまつる。

法蔵菩薩の因位のときに、世自在王仏のみもとで、仏がたの浄土の成り立ちや、その国土や人間や神々の善し悪しをご覧になって、この上なくすぐれた願をおたてになり、世にもまれな大いなる誓いをおこされた。**五劫**もの長い間、思惟して、この誓願を選び取り、名号をすべての世界に聞こえさせようと、重ねて誓われたのである。

（『教行信証（現代語版）』一四三頁参照）

と讃えられ、法蔵菩薩さまは、世自在王仏さまのみ教えを聞き、仏がたの浄土の様子を詳しくご覧になって、この上なくすぐれた願をおこされた、と述べられています。

「五劫思惟之摂受」（五劫これを思惟して摂受す）とは、阿弥陀さまが四十八の願いを建てられるのに、「五劫」もの長い間、禅定に入られ、心を一つにして思慮することを重ねられた、ということであります。「禅定」とは、精神を統一し、安定させることです。つまり、阿弥陀さまは、この四十八の願いを建てるのに、「五劫」という非常に長い時間をかけてお考えになり、瞑想されていたわけであります。

この「劫」とは、真宗七高僧の第一祖 龍樹菩薩（一五〇頃〜）が、

劫簸は秦に分別時節と言ふ。

（『大智度論』巻三八、『大正蔵』二五・三三九頁下、原漢文）

【意訳】劫は、秦で、通常の年月では計算できない長久の時節を分別する言葉であるという。

と示されているとおり、一般的な数字では表し難い長久の時間を意味しています。「劫」の具体的な時間は、経典によって種々の相違があり、不明瞭であるため、

現在、一つに定まっておりません。

ここでいう「五劫」の長さについても、諸説ございますが、まだ諸説の中でも短い説を採って、ご説明させていただきます。蓮如上人が『正信偈大意』（『註釈版』一〇二三頁）において、道綽禅師『安楽集』巻上（『七祖註釈版』二三五—二三六頁）によって採られている説であります。

そこには「一劫」の長さを表す「磐石劫」という例えが説かれています。「磐石」は「大きな石や岩」のことで、この「磐石」の大きさは「四十里四方の石」といわれています。道綽禅師がお生まれになった六世紀頃の中国では、「一里」は約五四〇メートルと考えられていたそうで、「四十里」は約二一・六キロメートルとなります。

その数字を用いて考えてみますと、縦・横・高さの一辺の長さが約二十キロメートルの石があって、長寿の天人（天界の神さま）が三年に一度、羽衣で一撫でし、このように撫で続けてやまず、この石が尽きるのを「一劫」（一小劫）といい、この「四十里四方の石」を五つ撫で尽くすほどの時間が「五劫」である、ということを示されています。

補足いたしますと、『安楽集』巻上（『同』二三五頁）には、「一劫」の長さを表す「芥子劫」の例えも出てまいります。それは、「磐石」と同じ大きさの「四十里四方の城」の中に芥子を満たして、長寿の天人が三年に一度、一粒ずつ持ち去り、ついに芥子が尽きてしまうまでを「一小劫」（一劫）といわれています。「磐石劫の石」も「芥子劫の城」も、共に「四十里四方」と記されていますが、この大きさが「八十里四方」の場合は「一中劫」といい、「百二十里四方」の場合は「一大劫」といわれます。

ただし、「磐石劫」と「芥子劫」の例えは、経典によって、石・城の大きさや年数の示し方などに違いがあり、諸説ございます。蓮如上人は、「五劫」の「劫」について、『安楽集』巻上の「磐石劫」を採って「小劫」と解され、「五小劫」としてご説明くださっています。

「劫」の時間は、果てしなく長いため、数字では表し難いといわれ、その上、経典によって「一劫」の時間もそれぞれ異なりますので、一概に言えませんが、一例として、算出された説を以下ご紹介しておきます。

仏教の経典には、地獄界の最下層に位置する無間地獄（阿鼻地獄）の寿命（刑期）が「一中劫」である、と説かれています。いつくかの経典より推算しますと、無間地獄の寿命は、人間界の六四〇〇〇年を一昼夜とした場合の六万四〇〇〇年を一昼夜として六万四〇〇〇年であり、人間界の時間では、三四九京二四一三兆四四〇〇億年となります。

よって、一説でありますが、無間地獄の寿命から推算すると、「一中劫」は、三四九京二四一三兆四四〇〇億年でございます。しかし、「劫」については、多くの説がございますので、その中の一例として、一つの目安として、ご理解いただけたらと思います。

地獄は実在する

無間地獄は、八大地獄の最下で、最も苦しみが多く、苦しみがとぎれることがないので、無間と呼ばれます。無間地獄に堕ちると、真っ逆さまにされて、地獄に着くまで二千年もかかり、その苦しみたるや、他の七大地獄とその周囲の小地獄におけるすべての苦しみの千倍であると、経典に示されています。具体的には、毒や火を吐く大蛇、五百億の虫などに責められて、熱鉄の山を上り下りさせられ、舌を抜き出されて多くの鉄の釘を打たれ、口やのどや体内を焼かれます。ほかにも、想像を絶する悪臭、大火炎、獄卒、悪鳥などにも苦しめられる、といった内容が説かれています。

阿弥陀如来さまの第十八願の末尾には「ただ五逆と誹謗正法とをば除く」（ただし、五逆の罪を犯したり、仏の教えを誹るものだけは除かれます）と、信心をいただけず、五逆の罪を犯したり、仏の教えを誹ったままでは、阿弥陀如来さまの救いから除かれることが示されています（本書一九頁～）。この「五逆」こそ、最も重い罪となる行いであり、無間地獄へ堕ちる原因となります。「五逆」には、「三乗（小乗）の五逆」と「大乗の五逆」とがあります。一般的には、「三乗の五逆」を挙げて語られることが多いと思いますが、親鸞聖人は『教行信証』「信巻」の最後に両方とも示されていますので、どちらもご紹介しておきます。

○三乗（小乗）の五逆

一　殺父―父を殺す。

二　殺母―母を殺す。

三　殺阿羅漢―阿羅漢（聖者）を殺す。

四　出仏身血―仏を傷つけて血を流させる。

五　破和合僧―教団の統一を破る。

○大乗の五逆

一　塔寺や仏像を破壊し、経蔵を焼く。三宝（仏・法・僧）の財宝を盗む。

二　声聞・縁覚・大乗の教えを謗る。

三　僧侶の生活を妨げる。僧侶を殺す。

四　三乗の五逆（殺父・殺母・殺阿羅漢・出仏身血・破和合僧）を犯す。

五　因果（因縁）の道理を信じず、体・口・心で悪い行いをする。

（『教行信証』「信巻」意訳、『註釈版』三〇三—三〇五頁・「巻末註」一四七〇頁、『教行信証（現代語版）』三二四—三二七頁参照）

「大乗の五逆」について、第一の「三宝」（仏教徒として帰依し供養すべき三つの宝）とは、仏（さとりを開いた方）・法（仏の教え、真理）・僧（仏の教えを受けて、さとりをめざす集団）のことです。第二に「声聞・縁覚・大乗の教え」とありますが、これは「すべての仏教」（全仏教）を指しているといえます。南方仏教・北方仏教も、小乗仏教・上座仏教・大乗仏教・密教も、すべての仏教を謗ることが、五逆罪に該当し、無間地獄へ堕ちる原因となる、と示されています。

お釈迦さま、真宗七高僧、親鸞聖人、覚如上人（一二七〇～一三五一）、存覚上人（一二九〇～一三七三）、蓮如上人は皆、お言葉やご著作の中で、「地獄」のみならず、「六道」（地獄・餓鬼・畜生・修羅・人間・天）の世界が、先ほどご説明した「浄土」（本書二七頁～）とは違って、私たちの宇宙世界の内に、同次元・同時空（同じ次元・同じ時空）、または、異次元・異時空（異なる次元・異なる時空）の世界として実在することも明確に認められています。
親鸞聖人が「化身土文類」に引用される『涅槃経』「徳王品」に、

> 仏および菩薩もまたかくのごとし。もろもろの凡夫の病を知るに三種あり。一つには貪欲、二つには瞋恚、三つには愚痴なり。貪欲の病には教へて**骨相を観ぜしむ**。瞋恚の病には**慈悲の相を観ぜしむ**。愚痴の病には**十二縁相を観ぜしむ**。この義をもつてのゆゑに諸仏・菩薩を善知識と名づく。
>
> （『教行信証』「化身土巻」、『註釈版』四〇九―四一〇頁参照）
>
> 【意訳】仏や菩薩もまたこれと同じである。すべての凡夫には三種類の病があると知っている。一つには貪り、二つには怒り、三つには愚かさである。貪りの病のものには、**骨相を観じさせる**。怒りの病のものには、**慈悲の相を観じさせる**。愚かさの病のものには、**十二因縁を観じさせる**。このようなわけで、仏や菩薩たちを善知識という。
>
> （『教行信証（現代語版）』五二二頁参照）

と説かれています。「煩悩」とは、身心（体と心）を煩い悩ませる心のはたらきをいいます。私たちの煩悩は無量にございますが、三種に大別しますと、「貪欲」（むさぼり、我欲）、「瞋恚」（いかり）、「愚痴」（おろかさ、真理を知らないこと）となります。このような煩悩がある限り、私たちは六道である迷いの世界を生まれ変わり死に変わりし続けて、苦しみが消えることはありません。よって、「凡夫」とは、貪・瞋・痴（むさぼり・いかり・おろかさ）などの煩悩に縛られて、六道を輪廻するものをいいます。

そこで、お釈迦さまは、「むさぼり」の心には「不浄観」、「いかり」の心には「慈悲観」、「おろかさ」の心には「因縁観」という瞑想法をお勧めになっていたことが分かります。同様のご文が、曇鸞大師の『往生論註』巻下（『七祖註釈版』一〇五頁）にも出てまいります。しかしながら、浄土真宗では、これらの瞑想を実践する必要はなく、阿弥陀如来さまからいただく「信心」一つで、迷いの世界を超えた浄土に生まれさせていただき、仏と成らせていただけると、親鸞聖人はお示しくださったわけであります。本当に有り難いみ教えであると、いただかずにはおれません。

ただ、この「慈悲観」の瞑想を修行しますと、「地獄界」と「天界（天国）」（に生まれたもの）を実際に見ることができます。南伝仏教では、戒律を厳しく守られて、お釈迦さまの伝統的な修行方法を実践し、今でも「不浄観」「慈悲観」「因縁観」などを指導されている僧院がございます。現に「慈悲観」を修行されて、本当に「地獄界」と「天界（天国）」（に生まれたもの）をご覧になっている方々もいらっしゃいます。

ただし、「慈悲観」では「浄土」の世界は見られないそうです。浄土真宗では、「信心」一つで浄土に生まれて仏と成らせていただけますので、「浄土」を見る必要はありませんが、「浄土」を見る行法としては、「定善十三観」「念仏三昧」「口称三昧」などが挙げられます。「三昧発得記」（本書三六頁～）には、法然聖人が「口称三昧（念仏三昧）」を得られて、「浄土」をご覧になった内容が書きつづられていました。

親鸞聖人が念仏の人々に送られた「御消息」（お手紙）に、

念仏せさせたまふひとびとのこと、弥陀の御ちかひは煩悩具足のひとのためなりと信ぜられ候ふは、めでたきやうなり。ただしわるきもののためなりとて、ことさらにひがごとをこころにもおもひ、身にも口にも申すべしとは、浄土宗に申すことならねば、ひとびとにもかたること候はず。（中　略）

かかるわるき身なれば、ひがごとをことさらに好みて、念仏のひとびとのさはりとなり、師のためにも善知識のためにも、とがとなさせたまふべしと申すことは、ゆめゆめなきことなり。（中略）念仏のひと、ひがごとを申し候はば、その身ひとりこそ地獄にもおち、天魔ともなり候はめ。

（『親鸞聖人御消息』第二七通、『註釈版』七八七―七八八頁）

【意訳】念仏なさる人々のことについて、阿弥陀仏の本願は煩悩を身にそなえたもののために誓われたと信じていらっしゃるのは、すばらしいことです。ただし、そのような悪いもののためであるからといって、わざと思ってはならないことを思い、してはならないことをし、言ってはならないことを言うのがよいなどということは、浄土の教えにはありません。ですから、わたしがこのようなことを人々に言うことはありません。（中略）

このような悪い身であるから、わざと悪事を好み、念仏する人々のさまたげとなり、師や善知識の罪になるようなことをすればよいなどということは、あるはずもありません。（中略）

念仏する人の中に間違ったことを言うものがいたなら、その人こそ**地獄**に堕ち、
または**魔王**やそれにつき従うものとなることでしょう。

（『親鸞聖人御消息　恵信尼消息（現代語版）』〈以下『親鸞聖人御消息（現代語版）』と記す〉八七―八八頁参照）

と誡められています。阿弥陀如来さまのご本願は、煩悩をそなえた、悪しきもののために誓われたのであるから、わざと、悪事を好み、体と口と心で悪い行いをすればよい、などといったことは、決してあってはならない、そのようなことは、浄土の教えにはない、と断じられています。念仏する人の中に、このような間違ったことを言うものがいたなら、その人こそ地獄に堕ち、または魔王やそれにつき従うものとなるであろう、と結ばれており、ここに「地獄」の語が出てまいります。

また、親鸞聖人は、

念仏誹謗の有情は　**阿鼻地獄**に堕在して
八万劫中大苦悩　ひまなくうくとぞときたまふ

（『正像末和讃』三時讃、『註釈版』六〇七頁）

【意訳】念仏の教えを謗るものは、無間地獄に堕ちて、八万劫という長い間、激しい苦悩を絶え間なく受け続ける、と説かれている。

（『三帖和讃（現代語版）』一五四頁参照）

と詠まれています。念仏の教えを謗るものは、最も罪が重く、無間地獄に堕ちる、と明かされています。無間地獄の寿命は「一中劫（一劫）」（一説には、三四九京二四一三兆四四〇〇億年）（本書八六頁～）と申しましたが、ここでは「八万劫」という途方もなく長い時間、激しい苦悩を絶え間なく受け続けることを示されています。

「八万劫」については、道綽禅師『安楽集』巻下の終わり（『七祖註釈版』二九二頁）に引用される『十往生経』に、正法（仏教）を謗ったことによって、地獄に堕ちて「八万劫」の間、大苦悩を受けることが説かれています。善導大師の『法事讃』巻上の終わり（『七祖註釈版』五四三頁）にも『地獄経』（『観仏三昧経』巻五からの取意のご文）が引かれ、仏法を謗ったりするものは、地獄に堕ちて「八万四千大劫」を経ると示されています。ここでは「八万四千大劫」と、「中劫」ではなく「大劫」と表されています。

さらに、親鸞聖人は、

衆生有礙のさとりにて　無礙の仏智をうたがへば

※曾婆羅頻陀羅地獄にて　多劫衆苦にしづむなり

（『浄土和讃』諸経讃、『註釈版』五七三頁）

【意訳】生きとし生けるものの限りある「知恵」で、何ものにもさまたげられない阿弥陀仏の「智慧」を疑うものは、無間地獄よりもさらに重い苦を受ける「**曾婆羅頻陀羅地獄**」で、**はかり知れないほど長い間**、果てしない苦しみに沈み続けるのである。

（『三帖和讃（現代語版）』五七頁参照）

※「**曾婆羅頻陀羅地獄**」**のご左訓（異本）**

無間地獄の衆生をみては、あら楽しげやとみるなり。仏法を謗りたるもの、この地獄に堕ちて**八万劫**住す。大苦悩を受く。

（国宝本『浄土和讃』諸経讃、『註釈版』五七四頁・脚註参照）

【意訳】無間地獄の生きとし生けるものを見ては「あら楽しげや」と見るのである。

仏法を謗ったもの、この地獄に堕ちて、八万劫の間、大苦悩を受ける。

と述べられています。私たちの浅はかな「知恵」をもって、何ものにもさまたげられない「仏智」（阿弥陀仏の智慧）を疑うものは、無間地獄よりも更に重い苦を受ける「曾婆羅頻陀羅地獄」で、「多劫」という長い間、もろもろの苦しみに沈み続けるのである、と仰せられています。私たちの浅知恵・浅い考えで、阿弥陀如来さまの智慧を疑うものや謗るものは、極めて罪が重いことを示されています。

「左訓」（左仮名）とは、本文の左側に、語句の説明や漢字の読みなどが記されたものです。親鸞聖人のご著作や書写本に多く見られます。『浄土和讃』の国宝本・顕智本では、「曾婆羅頻陀羅地獄」のご左訓（お左仮名）に、「曾婆羅頻陀羅地獄」に堕ちたものは「無間地獄」のものたちを「あら楽しげや」と見るのであり、仏法を謗ったものが、この「曾婆羅頻陀羅地獄」に堕ちて「八万劫」という長い間、大苦悩を受ける、と明かされています。最も苦しみが多い「無間地獄」のものたちさえをも「ああ、楽しそうだなあ」と見るほどに、「曾婆羅頻陀羅地獄」の苦しみは極まりないものであることを明示されています。

「曾婆羅頻陀羅地獄」の出拠（正しいよりどころ）については、諸説ございますし、定かではありませんが、日本撰述のお経ともみられている『無量寿仏名号利益大事因縁経』には、阿弥陀仏の智慧を疑うことによって、「無数多劫」という長い間、「曾婆羅獄」あるいは「頻陀羅獄」で極まりない苦しみを受けて、そこから出ることができない、といった内容が説かれています。

日本のみならず、中国・朝鮮・日本などでつくられたお経は、「偽経」「疑経」「疑偽経」などと言われます。漢文の仏典において、元となる、サンスクリット語やチベット語の原本・原典がない場合、このように呼ばれます。しかし、「偽」「疑」の字があるからといって、偽物なのではなく、そこに真理や真実が説かれているものについては、サンスクリット語などの原本がある「真経」「正経」と同様に尊ばれ、大切にされてまいりました。

さて、長らく「地獄」についてお話ししましたが、「五劫」のお話に戻らせていただきます。

つまるところ、数字では表せないほどの、気が遠くなるような長い時間をかけて、阿弥陀さまは禅定に入られ、四十八の願いを建てられた、ということであります。けれども、これで仏に成られた（成仏された）わけではございません。まずは願いを建てられて、ここからがスタートでもあるのです。四十八の願いを建てるために、「五劫」もの時間がかかったわけであります。

ちなみに、「成仏」とは、仏に成ることをいいます。しかし、世間では、死ぬことを「成仏する」と言ったり、一部の方々が「成仏されました」などと話されていますが、これらは「さとりを開いて仏に成る」という本来の意味とは異なり、誤った使い方でございます。一部の方々が「成仏されました」などと言われるときは、「行くべき餓鬼界に行った」という意味で使われる場合や、でたらめを教える場合も多く、見受けられます。「成仏」は、本当の仏教に出遇わずして、そう簡単にできるものではありません。

また、俗説として、亡くなった人、死者のことを「仏」と言われる場合がありますが、これも厳密には間違っております。正しくは、「仏」ではなく「仏」と言い、「仏」とは、「真理を悟った人」という意味で、さとりを開いた方のことを表します。

「仏」（ぶつ、ほとけ）にも、真の仏教に遇わずして、そう簡単に成れるものではございません。

法蔵菩薩の修行

では、阿弥陀さま（法蔵菩薩さま）が、その願いを本当に実現する力を持つために、どれほどの修行をなされたのかと言いますと、『大無量寿経』に、次のように書かれています。

　この願を建てをはりて、一向に専志して妙土を荘厳す。所修の仏国、恢廓広大にして超勝独妙なり。建立〔せられし仏国は〕常然にして、衰なく変なし。**不可思議の兆載永劫**において、菩薩の無量の徳行を積植して、

（『仏説無量寿経』巻上、『註釈版』二六頁）

【意訳】（法蔵菩薩は）この願を建て終わって、国土をうるわしくととのえることにひたすら励んだ。その国土は、限りなく広大で、何ものも及ぶことなくすぐれ、

> 永遠の世界であって、衰えることも変わることもない。このため、**はかり知ることのできない長い年月をかけて、**限りない修行に励み、菩薩の功徳を積んだのである。（『浄土三部経（現代語版）』四三―四四頁参照）

阿弥陀さまは法蔵菩薩さまとして、四十八願が成就する（願いに誓ったとおり、生きとし生けるものを救う力をそなえる）まで、「**不可思議の兆載永劫**」の間、修行なされたことが分かります。先ほどは「五劫」でしたが、今度は「兆載永劫」でございます。一般的な数の単位としては「一・十・百・千・万・億・兆・京・垓・秭・穣・溝・澗・正・載・極・恒河沙・阿僧祇・那由他・不可思議・無量大数」の「兆」と「載」であります。単純計算では一兆×一載＝一阿僧祇となり、その後には更に「永久」や「永遠」の語句に用いられる「永」（えい、よう）が付きます。「永劫」とは、「劫」の長さを一層、強調し、終わりがないほどの長久の年歳を表すともいわれます。「一劫」「五劫」でさえも、はかり知れない時間でございましたが、「兆載永劫」となりますと、想像すら及びません。

先ほどの「十万億」「十二億那由他」「十恒河沙」などにならって、一応、単純計算いたしましたが、この「兆載永劫」は、義訳（意味をくみ取って新たにつくった訳語）ともいわれ、計算し得ない長遠の時間を表しています。

ですから、『大無量寿経』の異訳の一つである『無量寿如来会』巻上には、「兆載永劫」の箇所が「無量無数不可思議無有等等億那由他百千劫」（『聖典全書』一・三二〇頁参照、『註釈版』二三一頁）と記されています。

ちなみに、「未来永劫」や「永劫回帰」などの言葉は、この「兆載永劫」から生まれたといわれています。また、「億劫」の語も同じく「百千万億劫」の略語といわれ、限りなく長い時間を表すことから、一般的に、面倒で気が進まない様子を指して言うようになりました。

親鸞聖人の『教行信証』総序に、

ああ、弘誓の強縁、多生にも値ひがたく、真実の浄信、億劫にも獲がたし。たまたま行信を獲ば、遠く宿縁を慶べ。もしまたこのたび疑網に覆蔽せられば、かへつてまた曠劫を経歴せん。

（『教行信証』総序、『註釈版』一三二頁）

【意訳】ああ、この大いなる本願は、いくたび生を重ねてもあえるものではなく、

> まことの信心は、どれだけ時を経ても、得ることはできない。思いがけず、この真実の行と真実の信を得たなら、遠く過去からの因縁をよろこべ。もし、また、このたび、疑いの網におおわれたなら、もとのように果てしなく長い間、迷い続けなければならないであろう。
>
> （『教行信証（現代語版）』五頁参照）

と、「億劫」の語が出てまいります。「曠劫」も、極めて長い時間、無限の時、といった意味を表しています。

「真実の信心」は、限りなく長い時間を経ても、いただくことはできないが、思いがけず、阿弥陀如来さまの願いのお力によって、「真実の信心」を得させていただけたなら、遠く過去からの因縁を慶べ。もし、今世もまた疑いの網におおわれたなら、もとのように果てしなく長い間、迷いの世界（地獄・餓鬼・畜生・修羅・人間・天）を経巡り続けなければならないであろう、と述べられています。

つまるところ、阿弥陀さまは、願いをお建てになるのに「五劫」、その願いを成就するための修行に「兆載永劫」、という極めて長い時間をおかけくださったわけであります。

では、阿弥陀さま（法蔵菩薩さま）は、具体的に、どのようなご修行をなされたのか、そのご修行の一端をご紹介しますと、『大無量寿経』には、

欲覚・瞋覚・害覚を生ぜず。欲想・瞋想・害想を起さず。色・声・香・味・触・法に着せず。忍力成就して衆苦を計らず。少欲知足にして染・恚・痴なし。三昧常寂にして智慧無礙なり。虚偽諂曲の心あることなし。和顔愛語にして、意を先にして承問す。勇猛精進にして志願倦むことなし。もつぱら清白の法を求めて、もつて群生を恵利す。三宝を恭敬し、師長に奉事す。大荘厳をもつて衆行を具足し、もろもろの衆生をして功徳を成就せしむ。（後略）

（『仏説無量寿経』巻上、『註釈版』二六―二七頁）

【意訳】貪りの心や怒りの心や害を与えようとする心を起こさず、また、そういう想いを持ってさえいなかった。何にも執着せず、どのようなことにも耐え忍ぶ力をそなえて、すべての苦をものともせず、欲は少なく足ることを知り、貪り・怒り・愚かさの煩悩を離れていた。いつも三昧に心を落ち着け、何ものにもさまたげられない智慧を持ち、偽りの心やこびへつらう心は全くなかったのである。

表情はやわらかく、言葉はやさしく、相手の心をくみ取って、よく受け入れ、雄々しく努め励んで、少しもおこたることがなかった。ひたすら清らかな法（真理）を求めて、すべての生きとし生けるものに利益を与え、仏・法・僧の三宝を敬い、師や年長のものに仕えたのである。その功徳と智慧のもとに、様々な修行をして、すべての生きとし生けるものに功徳を与えたのである。（後略）

（『浄土三部経（現代語版）』四四―四五頁参照）

といった内容が説かれています。

続いて『大無量寿経』に、

無央数劫に功を積み徳を累ぬるに、その生処に随ひて意の所欲にあり。無量の宝蔵、自然に発応し、無数の衆生を教化し安立して、無上正真の道に住せしむ。あるいは長者・居士・豪姓・尊貴となり、あるいは刹利国君・転輪聖帝となり、あるいは六欲天主乃至梵王となりて、つねに四事をもつて一切の諸仏を供養し恭敬したてまつる。かくのごときの功徳、称説すべからず。

（『仏説無量寿経』巻上、『註釈版』二七頁）

【意訳】（このようにして）**はかり知れない長い年月の間**、功徳を積み重ねたのである。その間、法蔵菩薩は、どこに生まれても思いのままであり、はかり知れない宝が、おのずから、わき出て、数限りない生きとし生けるものを教え導き、この上ないさとりの世界に安住させた。あるときは富豪となり、在家信者となり、またバラモンとなり、大臣となり、あるときは国王や転輪聖王となり、あるときは六欲天や梵天などの王となり、常に衣食住の品々や薬などで、すべての仏を供養し、あつく敬った。それらの功徳は、とても説き尽くすことができないほどである。

（『浄土三部経（現代語版）』四五―四六頁参照）

と記されています。先ほど、阿弥陀さまが法蔵菩薩として「兆載永劫」という長い間、修行なされたと説かれていましたが（本書一〇〇頁～）、ここでは「無央数劫」と出てまいります。「無央数」は「阿僧祇」の漢訳です。「阿僧祇」とは、無量の数のことで、経典では、数えることができないという意で使われています。また、前に述べましたとおり、数の単位としては、「恒河沙」の次に当たります。

つまり、お釈迦さまが「**三阿僧祇劫と百大劫**（南伝仏教では、**四阿僧祇劫と十万**

劫）」（『註釈版聖典』六六八―六六九頁・脚註等参照）もの長い間、神々や動物などの姿を取って、神々や動物を教化して、法（真理）を得させなさったごとく、阿弥陀さまも**「不可思議の兆載永劫」**（**無央数劫**）という長い間、神々や人々の姿を取って、生きとし生けるものを教化して、法（真理）を得させなさった、といったことが示されています。

時には、私たちと同じように、出家者・修行者ではない在家信者として、生きとし生けるものに尽くされたり、時には、王さまや大臣としてお生まれになり、善い政治などを行って、たくさんの生きとし生けるものに利益・功徳を与えられたり、いつも仏（さとりを開いた方）・法（仏の教え、真理）・僧（仏の教えを受けて、さとりをめざす集団）の三宝（仏教徒として帰依し供養すべき三つの宝）を敬われたわけであります。

こういったご修行を途方もなく長い間、お続けになったお果てに、阿弥陀仏・阿弥陀如来という仏・如来に成られたのでございます。

法蔵菩薩から阿弥陀仏へ

それでは一体、いつ、阿弥陀仏・阿弥陀如来という仏・如来に成られたのか、ということも、お経に書かれています。

『大無量寿経』には、

阿難、また問ひたてまつる、「その仏、成道したまひしよりこのかた、いくばくの時を経たまへりとやせん」と。仏のたまはく、「成仏よりこのかた、おほよそ十劫を歴たまへり。（後略）

（『仏説無量寿経』巻上、『註釈版』二八頁）

【意訳】阿難がさらにお尋ねした。

「その仏（阿弥陀仏）がさとりを開かれてから、どれくらいの時が経っているのでしょうか」

釈尊（釈迦如来）が仰せになる。

「さとりを開かれてから、およそ十劫の時が経っている。（後略）

（『浄土三部経（現代語版）』四七頁参照）

と説かれ、『阿弥陀経』にも、

舎利弗、阿弥陀仏は、成仏よりこのかたいまに十劫なり。

（『仏説阿弥陀経』、『註釈版』一二四頁）

【意訳】舎利弗よ、この阿弥陀仏が仏に成られてから、今日まで、すでに十劫という長い時が過ぎている。

（『浄土三部経（現代語版）』二二二頁参照）

と明かされています。

阿弥陀さまが阿弥陀仏・阿弥陀如来という仏・如来に成られてから、およそ「十劫」という時間が経っていることが分かります。先ほど、阿弥陀さまは四十八の願いを建てられるのに、「五劫」もの長い間、禅定に入って思惟されたことをお伝えいたしました（本書八二頁～）。単に数字のみを見ますと、「十劫」は、その「五劫」の二倍ほどの時間となります。約二五〇〇年前のお釈迦さまの時代や今から、おおよそ「十劫」の昔に、法蔵菩薩さまは阿弥陀仏に成られたわけであります。

「正信偈」の後によくあげられる、親鸞聖人の『浄土和讃』讃阿弥陀仏偈讃にも、

弥陀成仏のこのかたは　いまに十劫をへたまへり
法身の光輪きはもなく　世の盲冥をてらすなり

（『浄土和讃』讃阿弥陀仏偈讃、『註釈版』五五七頁）

【意訳】阿弥陀仏は、仏と成られてから、すでに十劫の時を経ておいでになる。さとりの身から放たれる光はどこまでも果てしなく、迷いの闇にいるものを照らすのである。

（『三帖和讃（現代語版）』七頁参照）

と讃えられています。

その一方で、『浄土和讃』大経讃には、

弥陀成仏のこのかたは　いまに十劫とときたれど
塵点久遠劫よりも　ひさしき仏とみえたまふ

（親鸞聖人『浄土和讃』大経讃、『註釈版』五六六頁）

【意訳】阿弥陀仏が仏と成られてから、すでに十劫の時を経ていると説かれているが、果てしなく遠い過去よりも、さらに久しい仏でいらっしゃる。

（『三帖和讃（現代語版）』三五頁参照）

と歌われています。

『大無量寿経』『阿弥陀経』や「讃阿弥陀仏偈和讃」には、阿弥陀さまが仏と成られてから「十劫」の時を経ていると説かれましたが、「大経和讃」では、阿弥陀さまは「塵点久遠劫よりも久しい仏」と示されていますので、阿弥陀さまが成仏されてから「塵点久遠劫」よりも久しい時が過ぎていることになります。

「十劫」の「劫」もはかり知れない時間でありましたが、特に「塵点劫」は、これまでの「劫」よりも、人知の及ばない、想像を絶する時間を表しています。この「塵点劫」については、『法華経』に出てまいります。『法華経』「寿量品」には、インドでお生まれになり、菩提樹の下で悟りを開かれたお釈迦さまも、そのご本体は仏と成られてから「無量無辺百千万億那由他劫」の時を経ていることが明かされています。ただし、この「無量無辺百千万億那由他劫」の「劫」は、これまでの「五劫」「十劫」などの「劫」ではなく、「塵点劫」といって、次のように説明されています。

たとえば、五百千万億那由他阿僧祇の三千大千世界を、仮に、ある人が粉々にして微細な塵とし、東の方の五百千万億那由他阿僧祇の国を過ぎて一つの塵を下ろし、このように東へ行って、この微細な塵をすべて下ろし尽くして、このもろもろの世界、もしくは、微細な塵を付けた世界と付けなかった世界とをことごとく塵とし、一つの塵を一劫とする。

（『妙法蓮華経』巻六「如来寿量品」一六、『大正蔵』九・四二頁中、筆者意訳）

「阿僧祇」とは、無量の数のことで、経典には、数えることができないという意味で使われることが多いのですが、これまでの「十万億」（本書二四頁〜）、「十二億那由他」（同六五頁〜）、「十恒河沙」（同七一頁〜）、「兆載」（同一〇〇頁〜）などと同じく、数の単位の一つとして仮に見てみた場合、「五百千万億那由他阿僧祇」は、単純計算では五百×一千万×一億×一那由他×一阿僧祇となります。それだけの三千大千世界をすべて微細な塵とし、これまた五百千万億那由他阿僧祇の三千大千世界を過ぎたら、一つの塵を落とし、この微細な塵をすべて落とし尽くして、今度は落とした世界も落とさない世界もことごとく合わせて塵にし、その一つの塵を一劫とする、と説かれています。

つまり、この一つの塵を一として数え、広大無量のすべての塵を合計した分の「劫」（五劫・十劫などの劫）を「一塵点劫」といい、この途方途轍もなく永い「一塵点劫」が、更に「無量無辺百千万億那由他」の回数、繰り返されるほどの昔から、お釈迦さまのご本体は仏と成られていた、ということであります。そのお釈迦さまのご本体を「久遠実成の仏」と申します。

お釈迦さまのご本体が仏と成られてから「無量無辺百千万億那由他塵点劫」の時間を経ており、この「無量無辺百千万億那由他塵点劫」のことを、親鸞聖人は「大経和讃」に「塵点久遠劫」と述べられたとうかがえます。先ほども申しましたが、親鸞聖人は、阿弥陀さまを「塵点久遠劫よりも久しい仏」と仰せられていますので、阿弥陀さまが成仏されてから「無量無辺百千万億那由他塵点劫」よりも永い時間が経過していることになります。つまり、お釈迦さまのご本体が仏と成られた時よりも更に前に、阿弥陀さまは成仏されていたというわけであります。ここをもって、阿弥陀さまを「久遠実成の阿弥陀仏」（久遠の弥陀）と申します。

ですから、親鸞聖人は『浄土和讃』諸経讃に、

久遠実成阿弥陀仏　五濁の凡愚をあはれみて
釈迦牟尼仏としめしてぞ　迦耶城には応現する

（『浄土和讃』諸経讃、『註釈版』五七二頁）

【意訳】はかり知ることのできない遠い昔からすでに仏であった阿弥陀仏は、さまざまな濁りに満ちた世の愚かな凡夫を哀れんで、釈尊（釈迦如来）として、その姿を迦耶城に現される。

（『三帖和讃（現代語版）』五三頁参照）

と詠まれています。「無量無辺百千万億那由他塵点劫」よりも久しい昔に仏と成られた阿弥陀如来さまこそが、濁りに満ちた、私たちの世界の愚かな凡夫を哀れんで、今から約二五〇〇年前にお釈迦さまとして、その姿を現されて、カピラヴァストゥ（現在のインド・ネパール国境付近といわれる）で過ごされ、ブッダガヤ（仏陀伽耶、インド北東部ビハール州）で悟りを開かれた、といった内容を明らかにされています。

つまるところ、親鸞聖人は、「讃阿弥陀仏偈和讃」に、阿弥陀さまは仏に成られてから「十劫」という時間が経っているといわれ、「大経和讃」には、阿弥陀さまが成仏されてから「無量無辺百千万億那由他塵点劫」よりも永い時間が経過していると仰せになって、「諸経和讃」では、「無量無辺百千万億那由他塵点劫」よりも久しい昔に仏と成られた阿弥陀如来さまのご化身さまこそがお釈迦さまである、とお示しくださったわけであります。

それならば、阿弥陀さまが成仏されてからの時間は、果たして、「十劫」なのか、「無量無辺百千万億那由他塵点劫」よりも永いのか、どうなのか、どちらなのかと、疑問をお感じになる方もいらっしゃると思います。その辺りのことは、親鸞聖人のご曾孫（ひ孫）さまの本願寺第三代宗主覚如上人や、そのご長子（ご長男）の存覚上人が、親鸞聖人のみ教えを承けて、実に明快に解説してくださっています。

親鸞聖人のお孫さまの本願寺第二代宗主如信上人より伝えられた「親鸞聖人の口伝（口づてに伝えること）」を覚如上人が述べられた『口伝鈔』の第一五章（『註釈版』八九八―九〇一頁）は、『口伝鈔』の中でも、最も理解が難しい章とされてまいりました。その覚如上人『口伝鈔』第一五章に、「十劫」の昔に仏と成られた阿弥陀仏（十劫正覚の阿弥陀仏）は、そのまま「無量無辺百千万億那由他塵点劫」よりも永い昔に成仏された阿弥陀仏（久遠実成の阿弥陀仏）である、と示されています。もっといえば、「十劫正覚の阿弥陀仏」（十劫の弥陀）こそが、ほかならない「久遠実成の阿弥陀仏」（久遠の弥陀）であることを明かされています（『註釈版』

八九八―九〇〇頁参照)。

また、存覚上人のご著作であり、阿弥陀如来さまのお名号(阿弥陀仏のみ名)のいわれを顕らかにされた『顕名鈔』には、「久遠実成の阿弥陀仏」は、一切の法(真理)を摂められているが、限りない昔から、迷いの世界を生まれ変わり死に変わりして、苦しみ続けている私たち凡夫を、さとりの世界へ導くために、仮に法蔵菩薩となられ、四十八の願いをおこされて「十劫正覚の阿弥陀仏」のお姿をお示しになった、といった内容が述べられています(『聖典全書』四・六五二―六五三頁参照)。つまり、「久遠実成の阿弥陀仏」が生きとし生けるものを救うために、四十八願をおこされて、「十劫正覚の阿弥陀仏」となられたわけであります。

したがいまして、覚如上人と存覚上人は、「久遠の弥陀」が私たちを救うために「十劫の弥陀」となられたのであって、「十劫の弥陀」はそのまま「久遠の弥陀」であり、もっといえば、この「十劫の弥陀」こそが「久遠の弥陀」にほかならない、ということをお教えくださいました。

ですから、先ほどの「阿弥陀さまが成仏されてからの時間はどのくらいか」という問いの答えとしては、「十劫」であり、かつ、「無量無辺百千万億那由他塵点劫」よりも永い、と結論付けられると思います。

「十劫」の昔に仏と成られた阿弥陀仏（十劫の弥陀）こそが、「無量無辺百千万億那由他塵点劫」よりも永い昔に成仏された阿弥陀仏（久遠の弥陀）にほかならない、ということを親鸞聖人が顕らかにしてくださり、浄土真宗のみ教えを立てられたわけであります。

その親鸞聖人の教説を承け継がれ、覚如上人と存覚上人が詳しく述べてくださいましたのが、『口伝鈔』と『顕名鈔』の内容でございます。これは余談ですが、この阿弥陀如来さまの理解について、親鸞聖人をはじめ、覚如上人と存覚上人のご著述を拝見いたしますと、浄土真宗が真言密教や天台密教とも非常に深い関係があると同時に、全く同じではなく、浄土真宗独自のみ教えが確立されていることを深く知らされる思いでございます。

宇宙世界の誕生と消滅

これまで、仏教に説かれている、底が知れない宇宙や時間のお話の一端をご紹介させていただきました。いまだ科学でも、ほとんど解明されていない「宇宙の成り立ち」についても、実は、お釈迦さまがすべて説き明かしてくださっています。

先ほど「三千大千世界」（本書二五頁〜）について、

> 「三千大千世界」というのは、一つの太陽が照らすところの世界、すなわち、一宇宙全体を一世界（小世界）として、一世界が千個、集まったものを小千世界といい、小千世界が千個、集まったものを中千世界といい、その中千世界が更に千個、集まったものを指します。（本書二五―二六頁）

とご説明させていただきました。「一つの太陽が照らすところの世界、すなわち、一宇宙全体を一世界（小世界）」とございます。この「一宇宙全体である一世界（小世界）」には、誕生から消滅まで、「四つの時間」があると、様々な経典に説かれています。「四つの時間」とは、**成劫**（世界が成立する期間）、**住劫**（世界が存続する期間）、**壊劫**（世界が崩壊する期間）、**空劫**（世界が存在しない期間）のことです。

成劫・住劫・壊劫・空劫を「四劫」といい、それぞれの時間は「二十劫」（中劫または小劫）であり、一宇宙全体である一世界が誕生してから消滅するまでの時間は、「二十劫」×四＝「八十劫」（中劫または小劫）といわれています。この「八十劫」を「一大劫」といいます。この一世界（一宇宙全体）の誕生から消滅までの「一大劫」（八十劫）の周期を何度も何度も繰り返し、何代も何代も前の世界（宇宙全体）のお話が、仏教には限りなく説かれているわけであります。

「中劫」と「小劫」とは、経典等によって、二小劫＝一中劫、二十小劫＝一中劫などと示されることもあれば、旧訳の「小劫」を新訳では「中劫」として、小劫＝中劫の意味で表されている場合がございます。「四劫」のそれぞれの期間である「二十劫」の「劫」について、『大智度論』巻三八などでは「小劫」（『大正蔵』二五・三三九頁中―下）と示され、世親菩薩（天親菩薩）の『倶舎論』巻一二などには「中劫」（『大正蔵』二九・六二頁下―六三頁中）と表示されていますが、「一劫」の時間は「一増一減」といわれています。

住劫（世界が存続する期間）においては、人間の寿命が減っていく時期（**減劫**）と、増えていく時期（**増劫**）が繰り返される、と説かれています。人の寿命が八万歳から百年に一歳ずつ減って十歳になり、それからまた百年に一歳ずつ増えて八万歳となる期間を「**一増一減**」「**増減劫**」などといいます。これを単純計算しますと、一五九九万八千年となります。すなわち、「四劫」のそれぞれの期間である「二十劫」は三億一九九六万年と算出されます。「一劫」＝「**一増一減**」＝一五九九万八千年となり、

ただし、何度も申したとおり、「劫」とは一般的な数字では表し難い長久の時間でございますので、単純計算における一つの目安と捉えていただけたらと思います。

すると、今、私たちが生きている、この世界（宇宙全体）が成立する期間（**成劫**）、世界が存続する期間（**住劫**）、世界が崩壊する期間（**壊劫**）、世界が存在しない期間（**空劫**）は、それぞれ三億一九九六万年となります。一世界（一宇宙全体）の誕生から消滅までの「一大劫」（八十劫）は、三億一九九六万年×四＝十二億七九八四万

年であります。

私たちの今、生きている現代は、「**住劫**」の「第九劫」の「**減劫**」に当たると、経典に示されています。つまり、二十劫ある**住劫**（世界が存続する期間）の第九劫目の**減劫**（人間の寿命が減っていく時期）に、私たちは今、生きているわけです。今から約二五〇〇年前、人間の寿命が百歳のときに、お釈迦さまはこの世にお出ましくださったと説かれていますので、仏教における人間の寿命は、現在、七十五歳頃でございます。

信じられないかもしれませんが、今後も人間の寿命は百年に一歳ずつ減って十歳になり、それからまた百年に一歳ずつ増えて、はるか未来には八万歳となります。驚くべきことに、超古代文明や古代の研究・文献などを見ますと、この人間の寿命ばかりか、他の数字まで一致してまいります。この辺のお話は、また別の機会にお伝えさせていただきます。

仏教に説かれる「人の寿命」につきましても、「浄土」と同様に（本書二七頁〜）、「真理・真実・事実」としてお受け止めいただけたらと思うことであります。

親鸞聖人も『正像末和讃』に、

数万歳の有情も　果報やうやくおとろへて
二万歳にいたりては　五濁悪世の名をえたり

（『正像末和讃』三時讃、『註釈版』六〇一頁）

【意訳】かつて人間の寿命は数万歳であったが、時代が移るにつれて、生きとし生けるものも、その果報が次第に衰えて、人間の寿命が二万歳にまで短くなると、その時代は、さまざまな濁りと悪に満ちた世と呼ばれるようになった。

（『三帖和讃（現代語版）』一三六頁参照）

と詠まれています。「数万歳」というのは「八万歳」を指すといわれています。「果報」とは、善悪の行為（業）によってもたらされる苦楽の結果をいいます。経論に説かれるとおり、親鸞聖人も、人間の寿命が数万歳（八万歳）から二万歳に減っていくことを認められています。経論とは、お釈迦さまが説かれたお経と、菩薩さまがお経を解釈された論のことです。

前の『大無量寿経』『阿弥陀経』や「讃阿弥陀仏偈和讃」に、阿弥陀さまは仏に成られてから「十劫」という時間が経っている、と示されていました（本書一〇八頁〜）。

〔以下は、仮定のお話としてお聞きいただけたらと思います〕

阿弥陀さまが成仏されてからの「十劫」と住劫（世界が存続する期間）の「二十劫」との「劫」が同じか異なるかは、更なる検証等が必要でございます。

しかし、前者の「十劫」について源信和尚は『往生要集』巻下に「十小劫」と解され（『七祖註釈版』一一一〇頁）、後者の住劫の「二十劫」も龍樹菩薩『大智度論』巻三八（『大正蔵』二五・三三九頁中―下）や志磐師（十三世紀頃）の『仏祖統紀』巻三十（『大正蔵』四九・二九八頁上―三〇二頁下）には「二十小劫」とされていますので、どちらも「小劫」で同じである、という可能性はございます。

もし、仮に両者が同じであるとしたら、現在、「住劫」の「第九劫」に当たりますので、阿弥陀さまは「成劫」（世界が成立する期間）の間に成仏されていたこととなり、世界が成立し終わる（でき上がる）よりも前に、すでに仏と成られていたといえます。

一般的な現代の科学では、宇宙の始まりは「約一三八億年前」、月や地球・火星など、太陽系の星たちの誕生は「約四十六億年前」、地球上に哺乳類が誕生したのが「約二億三千万年前」、地球上に霊長類が現れたのが「約一億年から七千万年前」、人類の誕生は「約五百万年前」などと考えられています。

それに対して、単純計算ですが、仏教では、今の代である宇宙の始まりは「成劫」（世界が成立する期間）の最初の約「二十九劫前」として「約四億五五九三万六五〇〇年前」、太陽・月・星が現れて宇宙・地球が成立し、人間が出現するのが「住劫」（世界が存続する期間）の最初の約「九劫前」として「約一億三五九七万六五〇〇年前」と、一応いえるかと思います。

一般的な現代科学において霊長類が現れたとする「約一億年から七千万年前」と、仏教で人間が出現したと推察できる「約一億三五九七万六五〇〇年前」とが、他に比べて、わりと近い数字のように感じました。

科学における人類の誕生は「約五百万年前」といわれますが、平成三十年（二〇一八）頃に、世間では世界的権威とされる天文物理学者と気候学者が、「人類以前の文明」が存在する可能性についても指摘されていました。このような科学者らの指摘などを見ておりますと、どんどん仏教の説く「真理・真実」に近付いてきているように思われます。

仏教において、単純計算では、阿弥陀さまが成仏された「十劫前」は、「約一億五九九八万年前」となり、宇宙・地球等が成立して人間が現れる「九劫前」の「約一億三三五九七万六五〇〇年前」よりも、更に前のことと考えられます。

〈以上、阿弥陀さまが成仏されてからの「十劫」、及び、住劫の「二十劫」の「劫」が同じと仮定したお話でございました〉

もし、前者の「十劫」が、前に無間地獄の寿命としてご説明した「一中劫」〈本書八六頁〉の十倍の「十中劫」であるならば、阿弥陀さまが成仏された「十劫前」は、「三四九二京四一三四兆四〇〇〇億年前」となりますので、一つの目安としてお聞きいただけたらと思います。

いずれにせよ、太陽・月・星が現れて宇宙・地球が成立し、人間が出現するよりも昔に、阿弥陀さまは仏に成られて、西の方へ十万億もの世界を超えたところにお浄土も建立なされ、お浄土では自らご説法されながらも、「わたしを信じて念仏するものを必ず浄土に生まれさせよう」と、常に「南無阿弥陀仏」のお名号（お言葉）となって私たちにはたらきかけてくださり、なんとかして、すべての生きとし生けるものを救おうとなさってくださっていたのでありました。誠に有り難いことであり、それだけ偉大な存在でいらせられるわけでございます。

　これまでのお話を振り返りますと、阿弥陀さまは、法蔵菩薩さまとして、四十八の願いをお建てになるのに「五劫」もの長い間、禅定に入って思惟され、その願いを成就する（願いどおり、生きとし生けるものを救う力をそなえる）ため、「兆載永劫」という極めて長い時間をかけて、はかりしれない修行を実践され、「十劫」の昔に修行を完成して、ついに阿弥陀仏と成られたのでありました。

「阿弥陀仏と成られた」ということは、「わたしを信じて念仏するものを必ず浄土に生まれさせよう」という第十八願が成就したということでもあり、それはそのまま、第十八願に誓われたとおり、どんな生きとし生けるものであっても、本当に阿弥陀如来さまを信じて念仏すれば、必ず浄土に生まれさせていただけることを意味しています。

第二節　名号

称名念仏

浄土真宗において、「念仏する」とは、称名念仏することで、「南無阿弥陀仏」などの、阿弥陀仏の名号（お名前）を称えることをいいます。

つまり、阿弥陀如来さまのお名前である「南無阿弥陀仏」「帰命尽十方無礙光如来」「南無不可思議光如来」「南無不可思議光仏」「阿弥陀仏」「阿弥陀」などを口に出して、心でもいいので、称えることです。人間はもちろんのこと、動物でも虫でも、心で念仏できますので、どんな生きとし生けるものであっても、阿弥陀如来さまを本当に信じて念仏すれば、必ず浄土に往生し、一切の苦しみを超えることができます。

親鸞聖人は『教行信証』「行巻」に、『大無量寿経』の異訳の『大阿弥陀経』巻上を引かれ、「動物や虫の往生」についても明かされています。

諸天・人民、**蜎飛蠕動の類**、わが名字を聞きて慈心せざるはなけん。歓喜踊躍せんもの、みなわが国に来生せしめ、この願を得ていまし作仏せん。この願を得ずは、つひに作仏せじ。

（『教行信証』「行巻」、『註釈版』一四三頁）

【意訳】神々や人々をはじめとして、**さまざまな虫のたぐいに至るまで**、わたしの名号を聞いて、喜び敬う心をおこさないものはないであろう。このように喜びにあふれるものをみなわが浄土に往生させたい。この願いを成就して仏となろう。もし、この願いが成就しなかったなら、決して仏にはなるまい。

（『教行信証（現代語版）』二三三頁参照）

『大阿弥陀経』では、阿弥陀仏の第四願に、蜎飛（飛びまわる小虫）や蠕動（うごめくうじ虫）の類いの浄土往生まで、明確に誓われていることを示されています。

「お念仏」について、親鸞聖人のご門弟の慶信房が、親鸞聖人に送られた質問状（追伸）に、

追つて申しあげ候ふ。

念仏申し候ふ人々のなかに、**南無阿弥陀仏**ととなへ候ふひまには、**無礙光如来**ととなへまゐらせ候ふ人も候ふ。これをききて、ある人の申し候ふなる、「南無

阿弥陀仏ととなへてのうへに、帰命尽十方無礙光如来ととなへまゐらせ候ふことは、おそれあることにてこそあれ、いまめがはしく」と申し候ふなる、このやういかが候ふべき。

（『親鸞聖人御消息』第一三通、『註釈版』七六三頁参照）

【意訳】追って申し上げます。

念仏されている人々の中には、「南無阿弥陀仏」と称えながら、「無礙光如来」〈帰命尽十方無礙光如来〉とも称えている人がいらっしゃいます。これを聞いて、ある人が「〈南無阿弥陀仏〉と称え、さらに〈帰命尽十方無礙光如来〉と称えるのは、つつしむべきことであり、わざとらしいことである」と言っているようですが、このような考えはどうなのでしょうか。

（『親鸞聖人御消息（現代語版）』四七―四八頁参照）

としたためられています。慶信房は、ある人が「〈南無阿弥陀仏〉と称え、さらに〈帰命尽十方無礙光如来〉と称えるのは、つつしむべきことであり、わざとらしいことである」と言っているようなので、そういった考えはどうか、親鸞聖人に尋ねられています。

それに対して、親鸞聖人はご返事を次のように書き入れられました。

南無阿弥陀仏をとなへてのうへに、**無礙光仏**と申さんはあしきことなりと候ふなることそ、きはまれる御ひがごとときこえ候へ。**帰命**は**南無**なり。**無礙光仏**は光明なり、智慧なり。この智慧はすなはち**阿弥陀仏**なり。阿弥陀仏の御かたちをしらせたまはねば、その御かたちをたしかにたしかにしらせまゐらせんとて、世親菩薩（天親菩薩）御ちからを尽してあらはしたまへるなり。（後略）

（『親鸞聖人御消息』第一三通、『註釈版』七六三頁参照）

【意訳】「**南無阿弥陀仏**」と称え、さらに「**無礙光仏**」（**帰命尽十方無礙光如来**）と称えるのは悪いというようなことは、とんでもない誤った考えであろうと思います。「**帰命**」とは「**南無**」のことです。「**無礙光仏**」とは光明のことであり、智慧のことです。この智慧は、すなわち「**阿弥陀仏**」そのものなのです。人々は阿弥陀仏のおすがたを知らないので、そのおすがたをはっきりと知らせようとして、世親菩薩（天親菩薩）は力を尽くして、「**帰命尽十方無礙光如来**」と表されたのです。（後略）

（『親鸞聖人御消息（現代語版）』四八頁参照）

親鸞聖人は「〈南無阿弥陀仏〉と称え、さらに〈無礙光仏〉〈帰命尽十方無礙光如来〉と称えるのは悪い、というようなことは、とんでもない誤った考えであろうと思います」とご返事なさいました。

つまり、「お念仏」について、「南無阿弥陀仏」と称える人が多いと思いますが、「帰命尽十方無礙光如来」「南無不可思議光如来」「南無不可思議光仏」「阿弥陀仏」「無礙光仏」「阿弥陀」などといった、阿弥陀仏のお名号（阿弥陀如来さまのお名前）を称えていただいてもよいわけであります。

さらに、「お念仏」すなわち「南無阿弥陀仏を称える」ことについて、親鸞聖人は、次のように述べられています。

> 「称仏六字」といふは、**南無阿弥陀仏の六字をとなふる**となり。「即嘆仏」といふは、すなはち**南無阿弥陀仏をとなふるは**、仏をほめたてまつるになるとなり。また「即懺悔」といふは、**南無阿弥陀仏をとなふるは**、すなはち無始よりこのかたの罪業を懺悔するになると申すなり。「即発願回向」といふは、**南無阿弥陀仏をとなふるは**、すなはち安楽浄土に往生せんとおもふになるなり、また一切衆生

にこの功徳をあたふるになるとなり。「一切善根荘厳浄土」といふは、**阿弥陀の三字に一切善根をおさめたまへる**ゆゑに、**名号をとなふるは**すなはち浄土を荘厳するになるとしるべしとなりと。（『尊号真像銘文』、『註釈版』六五五頁参照）

【意訳】「称仏六字」というのは、**南無阿弥陀仏の六字の名号を称えるということ**である。「即嘆仏」というのは、**南無阿弥陀仏を称えることは**そのまま阿弥陀仏をほめたてまつることになるというのである。また「即懺悔」というのは、**南無阿弥陀仏を称えることは**、そのままはかり知れない昔からの罪を懺悔することになるというのである。「即発願回向」というのは、**南無阿弥陀仏を称えることは**、そのまま安楽浄土に往生しようと思うことになるのであり、また、すべての生きとし生けるものに名号の功徳を与えることになるというのである。「一切善根荘厳浄土」というのは、**阿弥陀の三字にすべての功徳をおさめてくださっているので、名号を称えることは**そのまま浄土を荘厳することになると知るがよい、というのである。（『尊号真像銘文（現代語版）』二五―二六頁参照）

「南無阿弥陀仏を信じ称える」ことは、そのまま、阿弥陀仏をほめたてまつることになる、はかり知れない昔からの罪を懺悔することになる、安楽浄土に往生しようと思うことになる、すべての生きとし生けるものに名号の功徳を与えることになる、浄土を荘厳することになる、と明かされています。

最後に「阿弥陀の三字にすべての功徳をおさめてくださっている」と述べられるとおり、源信和尚は「一切の法門」（『観心略要集』）、永観律師は「十方諸仏の功徳」（『往生拾因』）、法然聖人は「弥陀一仏の一切の功徳」（『選択本願念仏集』「本願章」取意、『七祖註釈版』一二〇七―一二〇八頁参照）、親鸞聖人は「一切善根」（『尊号真像銘文』、『註釈版』六五五頁、『尊号真像銘文（現代語版）』二五―二六頁）、存覚上人は「一切の万法」（『顕名鈔』、『聖典全書』四・六五二頁）が、「お名号」（南無阿弥陀仏、阿弥陀など）の中におさめられている、と仰せられています。

すなわち、「お名号」（南無阿弥陀仏、阿弥陀など）には、「すべての法（真理）」「すべての功徳」「すべての仏の功徳」「阿弥陀仏のすべての功徳」がおさめられているのであります。だからこそ、「南無阿弥陀仏」を信じ称える身になると、煩悩にまみれた私たちであっても、浄土に生まれて仏と成らせていただけるわけです。

結局のところ、全宇宙世界の「究極の真理」「すべての真理」「すべての功徳」が、「南無阿弥陀仏」「阿弥陀」などの阿弥陀如来さまのお名号に込められているのであります。

法然聖人のご門下の中で、親鸞聖人が特に尊敬されていたのが、隆寛律師（一一四八～一二二七）と聖覚法印（一一六七～一二三五）でいらっしゃいます。法然聖人も厚く信頼されていたご高弟です。親鸞聖人は晩年、ご門弟に送られた「御消息」（お手紙）に、聖覚法印の『唯信鈔』や隆寛律師の『後世物語聞書』（伝隆寛律師）、『自力他力事』などを読むよう勧められています（『註釈版』七七五頁、『親鸞聖人御消息（現代語版）』六七頁等参照）。

隆寛律師『一念多念分別事』と聖覚法印『唯信鈔』に引用された経典のご文等について、親鸞聖人が分かりやすく説き示されたのが『一念多念文意』と『唯信鈔文意』であります（林智康著『真宗和語聖教―一念多念文意・唯信鈔文意・尊号真像銘文―』参照）。

浄土真宗では、「南無阿弥陀仏」の「南無」に、特に深い意義がございますが

（本書一五二頁〜）、「阿弥陀」だけのお名号を称えることについても、聖覚法印は、

第十八に念仏往生の願をおこして、十念のものをもみちびかんとのたまへり。まことにつらつらこれをおもふに、この願はなはだ弘深なり。**名号はわづかに三字なれば**、盤特がともがらなりともたもちやすく、これをとなふるに、行住座臥をえらばず、時処諸縁をきらはず、在家出家、若男若女、老少、善悪の人をもわかず、なに人かこれにもれん。

（『唯信鈔』、『註釈版』一三四一頁）

【意訳】法蔵菩薩は四十八の願いの**第十八に、念仏往生の願**をおこし、心から信じて、わずか十回でも念仏するものを浄土へ生まれさせよう、と誓われた。よくよくこれを考えてみると、この第十八願は非常に広く深いものである。**名号（お名前）はわずかに「阿弥陀」の三字であるので**、周利槃陀伽尊者のような方であっても、称え続けることができるし、これを称えるのに、歩いていても、とどまっていても、座っていても、臥していても、問うことはなく、どのような時、どのようなところ、どのような状況でも、わけへだてせずに、在家のものも、出家のものも、男でも、女でも、老いも若きも、善人も悪人も、区別なく、

どのような人であっても、（信心をめぐまれたら）この大いなる慈悲の第十八願の
救いにもれることはない。

と示されています。周利槃陀伽尊者（チューダパンタカ尊者）は、『阿弥陀経』の最初に「周利槃陀伽」と出てこられるお方です。お釈迦さまのお弟子さまで、物を覚えることが苦手で、お経の言葉一つ覚えられず、ご自身のお名前すらも、たまに忘れてしまわれるほどでした。しかし、お釈迦さまが「ほうきを持って掃除しなさい。そのときに『塵を払い、垢を除く』と唱えるように」とお教えになり、「塵を払い、垢を除く」という短い言葉を繰り返されて、さとりを開かれました。

尊者のような方でも、どのような方でも、「阿弥陀」の三字であれば、称えることができるので、阿弥陀如来さまの第十八願には「念仏するものを必ず救う」と、「念仏」が誓われたのであります。

周利槃陀伽尊者は、ご自身のお名前が覚えられないため、名前を背中に荷い、人から名前を聞かれると、背中を指差して教えるほどであって、更には、名前を荷ったことさえも忘れてしまわれました。尊者が亡くなられた後、尊者のお墓から名前の

分からない草が生えてきたので、その草を「茗荷」（名を荷う）と呼ぶようになったそうです。「茗荷を食べると、物忘れがひどくなる」と言われるのも、この尊者の逸話から来ております。

「南無阿弥陀仏」の発音

「南無阿弥陀仏」の発音や称え方については、阿弥陀如来さまのお導きにしたがい、「信心」を第一として、お称えいただけたらよいのではないかと思います。

ご参考までに申しておきますと、聖戒上人（一二六一～一三二三）が編集された『一遍聖絵』巻四第二段には「なもあみだぶ」と歌われていますので、一遍上人（一二三九～一二八九）や鎌倉時代の人々は「なもあみだぶ」と称えられていたようにもうかがえます（大橋俊雄校注『一遍聖絵』三四頁参照）。

最近、私もよく「なもわぁみだぶ」と称えしめられています。

「南無」について、浄土真宗本願寺派（西本願寺）では「なも」、真宗大谷派

(東本願寺)などは「なむ」と発音されています。

慶證寺の第七世住職玄智師(一七三四～一七九四)が著された『考信録』巻二(玄智師自筆七巻本)に、

> 「南無」の「無」は、親鸞聖人のご著作には、みな「モ」と読む、とされている。(中略)
>
> 発音がつづまって「ナマミタブ」と唱えるのは、「無阿」(モア、ムア)の仮名反が、どちらも「マ」の音であるため、過失がないことになっている。また、親鸞聖人のご著作には「阿弥陀」の「阿」を「ワァ」とされている。(中略)
>
> 「仏」(ブツ)の「ツ」は言わないのがよいとする。(中略)親鸞聖人の「ご和讃」には「ブチ」とあるが、「南無阿弥陀仏」の「仏」だけは、「ブ」と唱えて「ツ」を言わない、そのいわれはあろうか。
>
> (『考信録』巻二「南無」一一丁右―左、筆者意訳／『真宗史料集成』九・四五〇頁下―四五一頁上参照)

と述べられています。当寺は代々、本願寺の堂職であり、御堂衆(本願寺の御堂の勤式をつかさどり、教学・伝道・伝達等に従事する僧侶）として輪番等の要職を務めておりました。中でも、玄智師が、その激務の傍ら研鑽を積んで、「浄土真宗の百科全書」といわれる『考信録』、「真宗史伝の権威」なる『大谷本願寺通紀』、「本典註釈中の白眉」と称される『浄土文類光融録』等々、数多くの著述を残し、御堂衆・宗史家・教学者として、それぞれに古今比類なき業績を挙げたことは周知のとおりであります。

「仮名反」とは、中国の反切法を国語に応用して、例えば、「き」は「か・い」の反、「く」は「か・う」の反というようなものです。

親鸞聖人は「ご和讃」に「ナモワアミタフチ」（ナモワアミダブチ）と、仮名を振られています。

玄智師は、「南無」の「無」は「も」、「阿弥陀」の「阿」は「わぁ」、「南無阿弥陀仏」の「仏」は「ぶ」（「つ」は言わない）と発音するのがよい、とされています。つまり、「なもわぁみだぶ」となり、鎌倉時代に発音されていたともうかがえる「なもあみだぶ」と、あらかた同じ発音を勧められていたようであります。「なまみたぶ」

には、おおむね過失がないであろう、とお考えになっています。

また、『考信録』巻二（自筆七巻本）には、

> 諦忍律師の『大光普照集』巻中に「六字の名号を、南無アイダ、ナンマイダ、ナンマミダ、ナマイダ、ナイダなどと唱えることは、大きな誤りである」と述べられている。これを「訛略念仏」といって、ひどく嫌うことである。（中略）はっきりと字の区別が付いて唱えるに越したことはないだろう。
>
> （『考信録』巻二「訛略念仏」一七丁右―左、筆者意訳／『真宗史料集成』九・五六六頁上参照）

と、諦忍律師（一七〇五～一七八六）の『大光普照集』巻中を引用され、「なむあいだ」「なんまいだ」「なんまみだ」「なまいだ」「ないだ」などと唱えるのは、「訛略念仏」といって、大きな誤りであることを示されています。「南無阿弥陀仏」を軽率に略して称えることを誡められている、と考えられます。

さらに、「なもわぁみだぶ」と、はっきりと字の区別が付いて唱えるに越したことはないだろう、と述べられています。

「南無」、「阿弥陀」、「仏」、それぞれのサンスクリット語については、後でご説明します（本書一四二―一四四頁、一五二頁～）。「南無阿弥陀仏」をサンスクリット語や中国語・韓国語・英語などでお称えいただいても構いませんが、「南無阿弥陀仏」の原語は特定されていないそうです。

現代の英語寄りの発音ですと、「ナモ・アミターバ・ブッダ」（Namo Amitabha Buddha）、「ナモ・アミターユス・ブッダ」（Namo Amitayus Buddha）、「アミターバ・ブッダ」（Amitabha Buddha）、「アミターユス・ブッダ」（Amitayus Buddha）、「アミターバ」（Amitabha）、「アミターユス」（Amitayus）などといったところでしょうか。

先ほども申したとおり、「信心」が根本でありますので、「発音や称え方」よりも、「信心」を第一として、阿弥陀如来さまのおはたらきにおまかせし、お称えいただけたらよいのではないかと思います。

阿弥陀仏の光明と寿命

阿弥陀如来さまは、西の方へ十万億もの世界を超えたお浄土でご説法なされていますので、あたかも遠い存在のようにお感じになるかもしれませんけれども、『観無量寿経』に、

阿弥陀仏、此を去ること遠からず。（『仏説観無量寿経』、『註釈版』九一頁）

【意訳】阿弥陀仏は、この世界からそれほど遠くないところにおいでになるのである。（『浄土三部経（現代語版）』一六三頁参照）

と説かれています。お釈迦さまが、阿弥陀如来さまは私たちがいる世界から、そう遠くないところにおいでになり、実は、阿弥陀如来さまが私たちにとって身近な存在であることを教えてくださっています。

「阿弥陀仏」の「阿弥陀」は、インドのサンスクリット語（梵語）の「アミターバ」（Amitābha）と「アミターユス」（Amitāyus）の「アミタ」（Amita）を音訳（音写）

したものです。詳しく申しますと、「ア（a）＋ミタ（mita）」であり、「ア」（a）は否定の接頭語、「ミタ」（mita）は「量る」という意味です。よって、「アミタ」（Amita）は「量ることができない」「限りない」といった意になります。何が量ることができないかというと、「光明」（ひかり）と「寿命」（いのち）であります。「アミターバ」（アミタ・アーバ）は「無量光」（限りないひかり）、「アミターユス」（アミタ・アーユス）は「無量寿」（限りないいのち）を表しています。ですから、「阿弥陀仏」は、「無量光仏」「無量寿仏」といわれるわけです。「阿弥陀仏」は音訳、「無量光仏」「無量寿仏」は漢訳されたお名前でございます。

「阿弥陀仏」の「仏」は、サンスクリット語の「ブッダ」（Buddha）を音写した「仏陀」を略したもので、「真実に目覚めた方」「真理を悟った方」といった意味です。

善導大師は、

自覚・覚他・覚行窮満、これを名づけて仏となす。

（『観経疏』「玄義分」、『七祖註釈版』三〇一頁）

【意訳】自らをさとり、他をさとらせ、さとりのはたらきが窮まり満ちているのを名づけて仏とする。

と示されています。すなわち、自らもさとりを得て、生きとし生けるものを救う大悲（大いなる慈悲の心）もそなえ、「智慧」と「慈悲」とに欠けるところがないのが「仏」であります。「智慧」とは「真実を見抜く力」「真理を見通す力」を指し、「慈悲」は「生きとし生けるものの苦を除いて楽を与える心」をいいます。よって、前に述べた「仏に成る」「成仏」（本書九九—一〇〇頁）とは、更に詳しく言えば、自らもさとりを得て、生きとし生けるものを救う大悲もそなえ、「智慧」と「慈悲」とに欠けるところがない境地に達する、ということであります。

また、「光明」は「智慧」、「寿命」は「慈悲」を表しています。したがって、「阿弥陀仏」とは、「限りない光明と寿命の仏」「限りないひかりといのちの仏」「限りない智慧と慈悲の仏」といった意味であります。

『大無量寿経』巻上に、

無量寿仏の威神光明は、最尊第一なり。諸仏の光明、及ぶことあたはざるところなり。（中略）

無量寿仏は**寿命**長久にして称計すべからず。（後略）

（『仏説無量寿経』巻上、『註釈版』二九―三一頁）

【意訳】**無量寿仏**（阿弥陀仏）の神々しい**光明**は最も尊いものであって、ほかの仏がたの光明の到底、及ぶところではない。（中略）

無量寿仏の**寿命**は実に長くて、とてもはかり知ることができない。（後略）

（『浄土三部経（現代語版）』五〇―五三頁参照）

と説かれ、『阿弥陀経』にも、

舎利弗、かの仏の**光明**無量にして、十方の国を照らすに障礙するところなし。このゆゑに号して**阿弥陀**とす。また舎利弗、かの仏の**寿命**およびその人民（の寿命）も無量無辺阿僧祇劫なり。ゆゑに**阿弥陀**と名づく。

（『仏説阿弥陀経』、『註釈版』一二三―一二四頁参照）

【意訳】舎利弗よ、その仏の**光明**には限りがなく、すべての国々を照らして何ものにもさまたげられることがない。それで**阿弥陀**と申し上げるのである。

また舎利弗よ、その仏の**寿命**とその国の人々の寿命も共に限りがなく、実に、はかり知れないほど長い。それで阿弥陀と申し上げるのである。

（『浄土三部経（現代語版）』二二一―二二二頁参照）

と示されています。

『大無量寿経』巻上と『阿弥陀経』に、阿弥陀如来さまの光明（ひかり）と寿命（いのち）は無量であると、お釈迦さまが説かれていたことが分かります。『大無量寿経』巻上には、阿弥陀如来さまの光明が最も尊く、ほかの仏の光明では阿弥陀如来さまの光明に及ばないとまでいわれ、『阿弥陀経』では、阿弥陀如来さまはもとより、浄土に往生したものの寿命もまた無量であることが明かされています。

阿弥陀如来さまのお徳を表す「光明無量」（限りないひかり）と「寿命無量」（限りないいのち）について、「光明無量」は空間的に無辺であること、「寿命無量」は時間的に無限であることを示し、空間的にも時間的にも限りなく、すべての生きとし生けるものをお救いくださるゆえに、「阿弥陀仏」と名付けられたわけであります。

この阿弥陀如来さまの光明についても、曇鸞大師『往生論註』巻下に言及される「数息観」(『七祖註釈版』一〇五頁・脚註)や、前に「浄土」を見る行法として挙げた「定善十三観」「念仏三昧」「口称三昧」(本書九二頁)などを実践すれば、実際に見ることができます。

しかしながら、浄土真宗では、「数息観」や「定善十三観」を修める必要はありませんし、「光明」が見えなくても、阿弥陀如来さまより「信心」さえいただけば、浄土に生まれて仏と成らせていただけます。

ただ、浄土を見られた、善導大師、懐感禅師、智光法師、法照禅師、法然聖人をはじめ(本書二七頁~)、多くの祖師方や、特に、明治時代より前の在家信者の方々も、三昧や夢告などによって、現実に阿弥陀仏とその光明をご覧になっています。

親鸞聖人も、

> 「勝縁勝境」(『往生礼讃』)といふは、仏をもみたてまつり、ひかりをもみ、異香をもかぎ、善知識のすすめにもあはんとおもへとなり。「悉現前」といふは、さまざまのめでたきことども、めのまへにあらはれたまへとねがへとなり。
>
> (『一念多念文意』、『註釈版』六七七頁参照)

【意訳】「勝縁勝境」というのは、仏のお姿も拝見し、その光明も見て、すばらしい香りもかぎ、善知識の導きにも出あいたいと思え、ということである。「悉現前」というのは、さまざまなすばらしいことが、目の前に現れてくださいと願え、ということである。（『一念多念文意（現代語版）』四頁参照）

と、阿弥陀仏とその光明が見られることを示されています。

しかし、正しい念仏三昧などを実践しなければ、なかなか末法（仏の教え〈教〉のみあって実践〈行〉とさとり〈証〉がないという、仏教の勢いが衰えて弱くなった時代）に生きる私たちには、阿弥陀仏とその光明をまのあたりに感じ見ることができませんので、親鸞聖人は「正信偈」に、

極重悪人唯称仏　我亦在彼摂取中
煩悩障眼雖不見　大悲無倦常照我

（『聖典全書』二・六四頁参照）

〈極重の悪人はただ仏を称すべし。われまたかの摂取のなかにあれども、煩悩、眼を障へて見たてまつらずといへども、大悲、倦きことなくしてつねにわれを照らしたまふといへり〉

（『教行信証』「行巻」「正信念仏偈」、『註釈版』二〇七頁）

【意訳】「きわめて罪の重い悪人はただ念仏すべきである。私もまた**阿弥陀仏の光明の中に摂め取られているけれども、**煩悩がわたしの眼をさえぎって、見たてまつることができない。しかしながら、**阿弥陀仏の大いなる慈悲の光明は、そのような私を見捨てることなく常に照らしていてくださる**」と、（源信和尚は）述べられた。

（『教行信証（現代語版）』一五一頁参照）

と歌われています。阿弥陀如来さまより「信心」さえいただけば、阿弥陀如来さまの光明の中に摂め取られ、浄土に生まれて仏と成ることが定まりますが、煩悩が私の眼をさえぎって、阿弥陀如来さまとその光明を拝見することができない。けれども、阿弥陀如来さまの大慈悲は、そのような私を見捨てることなく、常に照らして、はたらき続けてくださっている、と仰せられています。

前の『阿弥陀経』のとおり、阿弥陀仏の光明は、すべての国々を限りなく照らして何ものにもさまたげられないので、過去・現在・未来の全宇宙世界にわたって遍く満ち広がっていて、阿弥陀如来さまを信じてお念仏するよう、いつでも、どこでも、常に、私たち生きとし生けるものにはたらきかけ、お導きくださっているわけであります。

親鸞聖人は、

この如来、微塵世界にみちみちたまへり、すなはち一切群生海の**心**なり。

（『唯信鈔文意』、『註釈版』七〇九頁）

【意訳】この如来は、数限りない世界のすみずみにまで満ちわたっておいでになる。すなわち、すべての命あるものの**心**なのである。

（『唯信鈔文意（現代語版）』二二―二三頁参照）

と述べられ、また、

この如来は光明なり、光明は智慧なり、智慧はひかりのかたちなり。智慧またかたちなければ**不可思議光仏**と申すなり。**この如来**、十方微塵世界にみちみちたまへるがゆゑに、**無辺光仏**と申す。

（『一念多念文意』、『註釈版』六九一頁参照）

【意訳】この如来は光明である。光明は智慧である。如来の智慧は光というすがたをとるのである。智慧はまた、すがたにとらわれないから、**この如来を不可思議光仏**というのである。**この如来は**、すべての数限りない世界にみち満ちておいでになるから、**無辺光仏**という。（『一念多念文意（現代語版）』三三頁参照）

と仰せられています。阿弥陀如来さまが、かすかな塵の数ほどもある無数の世界に遍満されている（遍く満ち広がっている）ことを示されています。

つまり、阿弥陀如来さまは、微粒子にも、私たち生きとし生けるものの身心（体と心）にさえも、限りなく、みち満ちてくださっているわけであります。だからこそ、阿弥陀如来さまは、遠く離れた存在なのではなく、この私の体と心にまで満ちわたってくださっている、極めて身近な存在と言えましょう。

名号は阿弥陀仏のお喚び声

阿弥陀如来さまを私たちが最も身近に感じさせていただけるのは、「南無阿弥陀仏」の六字名号ではないでしょうか。なぜなら、それは、「南無阿弥陀仏」のお言葉となって、阿弥陀如来さまが「われを信じて念仏せよ、必ず浄土に生まれさせよう」と、私たち一人一人にはたらきかけてくださっているからであります。

「南無阿弥陀仏」は仏のお名前であり、これを「名号」といいます。「南無」とは、サンスクリット語の「ナマス」(namas)が変化した「ナモ」(namo)の音訳語で、「帰依する」(信じよりどころとする)といった意味です。ですから、「南無阿弥陀仏」は「阿弥陀仏に帰依いたします」という意になります。

「南無」について、親鸞聖人は、

「南無」の言は帰命なり。(中略)ここをもつて「帰命」は本願招喚の勅命なり。

(『教行信証』「行巻」、『註釈版』一七〇頁)

【意訳】「南無」という言葉は帰命ということである。(中略)このようなわけで、「帰命」とは、わたしを招き、喚び続けられている如来の本願の仰せである。

(『教行信証(現代語版)』七四―七五頁参照)

と述べられています。「南無」は、「帰命」とも訳され、阿弥陀如来さまの「われを信じて念仏せよ」という本願(願い)が勅命(仰せ、命令)となって、この私を招き喚んでくださり、私にはたらきかけてくださっている、と仰せられています。

ですから、「南無」は、「帰依いたします」（信じよりどころと致します）という私からの言葉というよりも、「帰依せよ」（信じよりどころとせよ）、「帰依しなさい」（信じよりどころとしなさい）といった、阿弥陀如来さまからの「お喚び声」「勅命」である、とお示しくださいました。ここにもまた、浄土真宗のお念仏が「自力念仏」ならぬ「他力念仏」といわれ、単なる「念仏」ではなく「お念仏」と申すいわれがあると言えましょう。

したがいまして、「南無阿弥陀仏」という念仏も、私が称えるから救われていくのではなく、阿弥陀如来さまの方から「阿弥陀仏に南無（帰依）せよ」と、私に「南無阿弥陀仏」を称えさせて、何度も何度も「南無阿弥陀仏」（阿弥陀仏に南無せよ）、「南無阿弥陀仏」（阿弥陀仏に南無せよ）…と、この私の口を通して、喚び続けてくださっているのですよ、または、ほかの誰かが「南無阿弥陀仏」（阿弥陀仏に南無せよ）とお念仏申されているときも、実は、阿弥陀如来さまの方が、この私（たち）に対して「阿弥陀仏に南無（帰依）せよ」とはたらきかけてくださっていたのでありますよ、というのが、親鸞聖人のお示しくださいました「浄土真宗のお念仏」でございます。そのおはたらきである、阿弥陀如来さまの願いのお力を疑いなく信じて、称えさせられるお念仏を「他力念仏」と申します。

結局、**「南無阿弥陀仏」というお念仏**は、私が称えさせていただいても、信心を得た、ほかの誰かが称えられていても、そのまま**「阿弥陀仏にまかせよ」「阿弥陀仏を信ぜよ」**という、阿弥陀如来さまの**「お喚び声」**であったわけです。その**「阿弥陀仏にまかせよ」「阿弥陀仏を信ぜよ」**という**「お喚び声」**に、あれこれはからうことなく、あらがうことなく、そのとおりにまかせたことを**「信心」**と申します。

ですから、**「信心」**とは、単に私が信じる心ではなく、**「南無阿弥陀仏」（阿弥陀仏にまかせよ、阿弥陀仏を信ぜよ）という仰せ**を疑いなく受け容れた心が**「信心」**なのであります。私が無理に信じようと力んだり、信じる心を整えようとするものではなく、逆に、一切のはからいを捨てて、**阿弥陀如来さまの仰せ**にすべてをまかせる心でございます。

ですから、親鸞聖人の「正信偈」の最初に、

帰命無量寿如来　南無不可思議光　（『聖典全書』二・六〇頁参照）

〈無量寿如来に帰命し、不可思議光に南無したてまつる〉

（『教行信証』「行巻」「正信念仏偈」、『註釈版』二〇三頁）

【意訳】限りない命の如来に帰命し、思いはかることのできない光の如来に帰依したてまつる。

（『教行信証（現代語版）』一四三頁）

と述べられています。このご文は「帰敬の頌」といわれ、親鸞聖人がご自身の信心を表明されたものです。

先ほど、「如来」と「仏」は大体、同じ意味で、「阿弥陀仏」は音訳、「無量光仏」「無量寿仏」は漢訳である、と申しました（本書二三頁、一四三頁）。「南無不可思議光」は「南無不可思議光仏」のことで、最後の「仏」が割愛（省略）されています。「不可思議」は「思いはかることのできない」という意で、「南無不可思議光」は「思いはかることのできない光の仏に帰依いたします」といった意味になります。

つまり、「帰命無量寿如来」は「無量寿仏（限りないいのちの仏）に帰依いたします」、「南無不可思議光」は「無量光仏（限りないひかりの仏）に帰依いたします」

といった意味でございます。両方とも「阿弥陀仏に帰依いたします」ということで、「南無阿弥陀仏」と同じ意であり、「南無阿弥陀仏」を違う表現で示されています。

つまるところ、親鸞聖人は、次のようなことをお教えくださいました。「南無阿弥陀仏」のお名号をはじめ、森羅万象、一切万物、あらゆるもの、あらゆることに、阿弥陀如来さまは、遍くみち満ちてくださっていますので、ありとあらゆるものをもって、または、ありとあらゆるものを通して、「阿弥陀仏にまかせよ」「阿弥陀仏を信ぜよ」と、限りない過去から、すべての生きとし生けるものにはたらきかけ、喚び続けてくださっていたのですよ。どうか皆さま、そのことにお気付きになってください。阿弥陀如来さまの仰せのとおり、どうか「阿弥陀仏におまかせください」「阿弥陀仏を信じてください」。

もし、阿弥陀如来さまの仰せのまま、阿弥陀仏におまかせして「信心」をいただけたら、浄土に生まれて仏と成ることが定まり、この世の縁が尽きるとき、本当に浄土に往生して、さとりを開いて成仏し、限りない過去からの、はかりしれない苦しみ・悲しみをすべて消すことができますよ、超えることができますよ。

第四章　信心

第一節　この世の利益

正定聚の利益

浄土真宗において、救いが成立するのは、浄土に往生してからではなく、「信心」をいただいた、まさにそのときです。もちろん、煩悩（本書一八頁）と苦しみが完全に消滅するのは、浄土に生まれ、仏のさとりを開いてからですが、救いが成立するのは、「信心」を得たときであります。なぜなら、「信心」をめぐまれたときに、初めて、浄土に生まれて仏と成ることが定まるからであります。ここが大切なところでもございます。

親鸞聖人がそのことを、次のように述べられています。

「即得往生」といふは、「即」はすなはちといふ、ときをへず、日をもへだてぬなり。また「即」はつくといふ、その位に定まりつくといふことばなり。「得」はうべきことをえたりといふ。**真実信心をうれば、すなはち無礙光仏の御こころのうちに摂取して捨てたまはざるなり。**摂はをさめたまふ、取はむかへとると申すなり。をさめとりたまふとき、すなはち、とき・日をもへだてず、**正定聚の位につき定まるを「往生を得」**とはのたまへるなり。

（『一念多念文意』、『註釈版』六七八―六七九頁）

【意訳】「即得往生」というのは、「即」は「すなわち」ということであり、時を経ることなく、日を置くこともないという意味である。また「即」は「つく」ということであり、その位に確かに定まるという言葉である。「得」は得なければならないことをすでに得たということである。**真実の信心を得れば、ただちに無礙光仏（阿弥陀仏）は、そのお心のうちに、その人を摂取して決してお捨てにならないのである。**「摂」はお摂めになるということであり、「取」は浄土へ迎え

> 取るということである。摂め取ってくださるとき、ただちに、時を経ることも日を置くこともなく、**正定聚の位に確かに定まることを「往生を得る」**と仰せになっているのである。

（『一念多念文意（現代語訳）』六―七頁参照）

「正定聚」とは、浄土に往生することが正しく定まり、必ずさとりを開いて仏に成ることが決定した仲間（聚）をいい、第十八願の信心の行者のことです。「真実の信心」を得れば、ただちに阿弥陀如来さまのお心のうちに摂め取られて、時も日も隔てずに、浄土に往生して必ず仏と成ることが決定した仲間となる、と示されています。つまり、「信心」をいただくそのときに、浄土に往生して仏と成ることが定まる、という「利益」を得られるわけであります。「利益」とは、仏・菩薩の教えにしたがうことによって得られる徳のことです。

無量の利益

さらに、「信心」をいただいたら、浄土に生まれて仏と成ることが定まるばかりか、この世において、無量の利益を得させていただけます。

親鸞聖人が「念仏正信偈」に、

発信称名光摂護　亦獲現生無量徳
無辺難思光不断　更無隔時処諸縁
諸仏護念真莫疑　十方同称讃悦可
惑染逆悪斉皆生　謗法闡提回皆往

（『聖典全書』二・二六八頁参照）

〈信を発して称名すれば、光摂護したまふ、また現生無量の徳を獲。
無辺・難思の光不断にして、さらに時処諸縁を隔つることなし。
諸仏の護念まことに疑なし、十方同じく称讃し悦可す
惑染・逆悪斉しくみな生じ、謗法・闡提回すればみな往く〉

（『浄土文類聚鈔』「念仏正信偈」、『註釈版』四八六頁）

【意訳】信心を得て念仏すれば、光明の内に摂め取られ護られて、この世において限りない功徳を得るのである。

無辺光・難思光とたたえられる光明は絶え間なく照らし、どのようなとき、

どのようなところ、どのような状況であっても、分け隔てることがない。
すべての世界の仏がたがお護りくださることはまことに疑いがなく、みな同じように念仏するものをほめたたえお喜びになる。
煩悩にまみれたものや、五逆・十悪の罪を犯すものも、みな同じように浄土に生まれ、謗法のものや一闡提であっても、**心をひるがえして阿弥陀仏の本願を信じれば**、みな往生することができるのである。

（『浄土文類聚鈔　入出二門偈頌（現代語版）』二二頁参照）

と歌われています。「五逆」と「謗法」は前に述べたとおりです（本書一九頁〜、八六頁〜）。「十悪」とは、特に著しい十の悪い行いのことで、後ろに列挙しておきます。「一闡提」は、世俗的な快楽を追及するのみで、正法（仏法、真理）を信じず、さとりを求める心がなく、成仏することのできない、生きとし生けるものをいいます。

「信心」をめぐまれ、お念仏を称える身になると、阿弥陀如来さまの光明に摂め取られ護られて、この世において「無量の功徳」（限りない功徳）を得られることが示されています。また、「第十八願」（本書一六頁〜）でご説明したとおり、煩悩にまみれたものや、五逆・十悪・謗法・一闡提のものも、心をひるがえして阿弥陀仏の本願を信じれば、みな往生することができる、と明かされています。ただし、ここで注意しなければならないのは、「回すれば」（回心すれば）ということであって、それは「心をひるがえして阿弥陀仏の本願を信じれば」という意味であり、すなわち、「信心をいただければ」の話でございます。

ですから、そのような罪を犯しても、反省せずに、「信心」も得られなければ、当然、地獄などの悪しき世界へ転生し、はかり知れない苦しみを受け続けます。後で詳しく申しますが、親鸞聖人は、「信心」をいただくことは極めて難しく、これ以上に難しいことはない、とまで仰せられていますので（本書一六九頁～）、そう「簡単に」は救われません。しかし、本当に、まことの「信心」をいただければ、いとも「簡単に」救われてゆきます。

○十悪

※初めの三つが体の行い（身業）、次の四つが口の行い（口業）、最後の三つが心の行い（意業）

一 殺生―生きものを殺す
二 偸盗―盗み
三 邪婬―よこしまな性の交わり
　　　体の行い（身業）

四 妄語―うそをつく、たぶらかす
五 両舌―仲たがいさせる発言をする
六 悪口―ののしって悩ます
七 綺語―まことのない飾った言葉
　　　口の行い（口業）

八 貪欲―むさぼり、我欲
九 瞋恚―いかり
十 愚痴―おろかさ、真理に対する無知
　　　心の行い（意業）

（『註釈版』「巻末註」一四九一―一四九二頁参照）

また、親鸞聖人は、

南無阿弥陀仏をとなふれば　この世の利益きはもなし
流転輪廻のつみきえて　定業中夭のぞこりぬ

（『浄土和讃』現世利益讃、『註釈版』五七四頁参照）

【意訳】**南無阿弥陀仏を称える身になると、この世で得る利益は果てしない。**迷いの世界を生まれ変わり死に変わりし続ける罪も消え、寿命に限りがあることや、その途中で死んでしまうという恐れも断ち切られる。

（『三帖和讃（現代語版）』五九頁参照）

と讃えられています。ここでも、「南無阿弥陀仏」のお名号を信じ称える身になると、この世で得る利益は果てしない、と示されています。さらに、六道（地獄・餓鬼・畜生・修羅・人間・天）を輪廻する罪も消え、業（体・口・心の行い）に応じて定まった寿命も永らえて、早死（若死）にすることもなくなり、寿命まで延ばす徳があることを明かされています。

十種の利益

親鸞聖人が、「信心」をめぐまれたものは、この世において、「無量の功徳（利益）」（「念仏正信偈」）、「果てしない利益」（「現世利益和讃」）を得させていただける、と述べられていました。この「無量の利益」「果てしない利益」を、もう少し具体的に示されたのが、次の「十種の利益」（『教行信証』「信巻」）のご文でございます。

> 金剛の真心を獲得すれば、横に五趣八難の道を超え、かならず現生に十種の益を獲。なにものか十とする。一つには冥衆護持の益、二つには至徳具足の益、三つには転悪成善の益、四つには諸仏護念の益、五つには諸仏称讃の益、六つには心光常護の益、七つには心多歓喜の益、八つには知恩報徳の益、九つには常行大悲の益、十には正定聚に入る益なり。
>
> （親鸞聖人『教行信証』「信巻」、『註釈版』二五一頁）

【意訳】金剛の信心を得たなら、他力によって速やかに、五悪趣・八難処という迷いの世界をめぐり続ける世間の道を超え出て、この世において、必ず十種の利益を得させていただくのである。十種とは何かといえば、

一つには、眼に見えないあらゆる菩薩・善神にいつも護られるという利益、
二つには、名号にこめられたこの上ない尊い徳が身にそなわるという利益、
三つには、罪悪が転じて善となるという利益、
四つには、あらゆる仏がたに護られるという利益、
五つには、あらゆる仏がたにほめたたえられるという利益、
六つには、阿弥陀仏の光明に摂め取られて常に護られるという利益、
七つには、心によろこびが多いという利益、
八つには、如来の恩を知りその徳に報謝するという利益、
九つには、常に如来の大いなる慈悲を広めるという利益、
十には、正定聚（必ず成仏する位）に入るという利益である。

（『教行信証（現代語版）』二三三―二三四頁参照）

「五悪趣」とは、生きとし生けるものが、それぞれの行い（行為）によって趣く

迷いの世界（地獄・餓鬼・畜生・人間・天）のことで、五道ともいい、これに修羅（阿修羅）を加えて六道（六趣）といいます。「八難処」は、仏や正法を見聞することが困難な八種の境界のことです。「正定聚」は、浄土に往生して必ず仏に成ることが決定したともがらをいい、第十八願の信心の行者のことであります。

「信心」をいただけたら、阿弥陀如来さまの願いのお力によって、迷いの世界（地獄・餓鬼・畜生・修羅・人間・天）を輪廻することがなくなり、この世においても、阿弥陀如来さまの光明に摂め取られて常に護られ、すべての仏・菩薩・善神さまにも、いつも護られて、すべての仏にほめたたえられ、「南無阿弥陀仏」の尊い功徳が身にそなわり、心にはよろこびが多く、罪悪が転じて善と成り、如来さまのご恩を知り、その徳に報謝して、常に如来さまの大いなる慈悲を広め、浄土に往生して必ず仏に成ることも定まる、といった内容が示されています。

これまで、『一念多念文意』に「正定聚の利益」、「念仏正信偈」と「現世利益和讃」に「無量の利益」、『教行信証』「信巻」に「十種の利益」が述べられていました。

結局、「信心」をめぐまれたものが、この世で得る利益は、広く言えば「無量の利益」、具体的に言えば「十種の利益」、要約すれば「正定聚の利益」ということになります。

なお、「信心」をいただいたものが、いのち終えての後に、浄土で得る利益は、先ほど述べたとおりです（本書四四—六三頁）。したがいまして、「信心」をめぐまれたものが得られる利益、すなわち、浄土真宗の利益には、「この世の利益」（現益）と「来世の利益」（当益）とがございます（現当二益）。

一言で申しますと、「この世の利益」は、浄土に往生して成仏する位に定まること（正定聚）、「来世の利益」は、仏のさとりを開くこと（滅度）であります。

第二節　信心をいただく難しさ

難の中の難

浄土真宗では「信心」が最も大切でございます。その「信心」をいただくよう、常にはたらき続けてくださっている「阿弥陀如来さまの第十八願」について、長きにわたってお話しさせていただきました。

阿弥陀さまは、煩悩にまみれた私たち生きとし生けるものが、限りない過去から、迷いの世界（地獄・餓鬼・畜生・修羅・人間・天）を生まれ変わり死に変わりし続け、苦しみ悲しむばかりで、そこから出る方法を全く知らないため、大いなる慈悲をもって、「わたし（阿弥陀仏）にまかせて念仏するものを必ず浄土に生まれさせよう」という「第十八願」「本願」を起こしてくださいました（本書一六頁〜）。

法蔵菩薩さまとして、長い間、思案をめぐらし、いかにして生きとし生けるものを救うかをお考えになって、それを実現するために、極めて長い時間をかけて、はかりしれない修行を積まれ、ついにさとりを開いて阿弥陀仏と成られました（本書七九頁〜）。それから、生きとし生けるものを救うために必要な功徳をすべておさめられた「南無阿弥陀仏」のお名号を日夜、私たちにはたらきかけ、お与えくださっているわけであります（本書一五一頁〜）。

「信心」とは、阿弥陀如来さまが「**わたしを信じて念仏するものを必ず浄土に生まれさせよう**」と誓われた「第十八願」「本願」を聞いて疑いの心をまじえないことで、本願の仰せにすべてまかせたことをいいます。この「信心」さえいただければ、迷いの世界を生まれ変わる原因が消され、阿弥陀仏の浄土に生まれて仏と成ることが定まります。逆に、この「信心」がいただけなければ、ひとすじに念仏申しても、浄土に往生することはできないと、親鸞聖人も蓮如上人もおっしゃっています。

しかし、その「信心」というのが、なかなかいただけないものであるといわれています。親鸞聖人は「正信偈」に、

弥陀仏本願念仏　邪見憍慢悪衆生
信楽受持甚以難　難中之難無過斯

（『聖典全書』二・六一頁参照）

〈弥陀仏の本願念仏は、邪見・憍慢の悪衆生、信楽受持すること、はなはだもつて難し。難のなかの難これに過ぎたるはなし〉

（『教行信証』「行巻」「正信念仏偈」、『註釈版』二〇四頁）

【意訳】阿弥陀仏の本願念仏の法（真理、教え）は、よこしまな考えを持ち、おごり高ぶるものが、信じることは実に難しい。難の中の難であり、これ以上に難しいことはない。

（『教行信証（現代語版）』一四六頁参照）

と述べられ、「難」の漢字が三箇所も出てまいります。阿弥陀如来さまの本願を信じて念仏する法（真理、教え）は、よこしまな考えを持っていたり、おごり高ぶるものには、信じることが非常に難しく、これほど難しいことはない、と示されています。

仏教は真理である

「宗教」という言葉は、もともと仏教語で、「仏教のもろもろの教え、または、自分の宗派の教えなど」を指しました。ところが、明治時代以降、レリジョン（religion）の訳語として採用され、キリスト教等々の意味も含んで表されるのが、一般的となりました。

そうしたことから、「仏教」は「宗教」の一つとして見られることもありますが、お釈迦さまのお立場から申しますと、「仏教は〝今にいう〟宗教ではない」といえます。なぜなら、お釈迦さまは、〝今にいう〟「宗教」を教えられたのではなく、ただただ「真理」を説かれたからであります。

お釈迦さまは、次のようなお言葉を遺されています。

> 「仏教」の教えというものは、この上に輝く日月（太陽と月）のようなものである。太陽や月があらゆる人を照らすように、仏教の教える「真理」というものは、あらゆる人に明らかなものであり、あらゆる人を照らす。

もし、自分（お釈迦さま）が人々を導くのであるとか、あるいは、この修行者の仲間が私（お釈迦さま）を頼っているとか、思うならば、私が死ぬということは大変なことであろう。

しかし、私は自分がみんなを導くなんて思ったこともない。また、みんなが自分を頼りにしているなどとも思わなかった。自分はただ人々のよるべき「真理」、「**真の生き方**」を明らかにした。それだけなのだ。
だから、何も自分が消えて亡くなったからといって、嘆き悲しむな。およそこの世のもので、いつまでも破れないで存続し続けるものは何もない。いつかは破れ消えうせるものである。その道理を私はお前たちに今まで説いてきたではないか。
ただ私はそこにある一貫した「真理」というもの、それを説き明かしてきた。
だから、それ（**仏教、真理**）に頼れ。

（ホームページ『ＮＨＫアーカイブス』「ＮＨＫ人物録」「中村元」参照）

「仏教」は「真理」であり、どのような方にも明らかなものであり、どのような方をも照らすので、ただ、この「仏教」（真理）をよりどころとして生きるべきことをお示しくださっています。

しかし、この現代に「仏教」と申しますと、中には、怪しいカルト宗教のように思って、「仏教」を誤解されている方もいらっしゃいます。「仏教」（真理）をよりどころにすること、「仏教」（真理）を信ずることが、大変、難しい時代になってきているように感じております。

また、「仏教」（真理）をよりどころとし、「仏教」（真理）を信ずる人であっても、阿弥陀如来さまの智慧や本願を疑い、「信心」はめぐまれず、自分の善い行いなどを浄土往生に役立てようとする人が、極めて多いわけであります。

億千万人に一人いるかどうか

ですから、親鸞聖人は『唯信鈔文意』に、

> 三信かけぬるゆゑにすなはち報土に生れずとなり。雑行雑修して定機・散機の人、他力の信心かけたるゆゑに、多生曠劫をへて他力の一心をえてのちに真実報土に生るべきゆゑに、すなはち生れずといふなり。もし胎生辺地に生れても五百歳をへ、あるいは億千万衆のなかに、ときにまれに一人、真の報土にはすすむとみえたり。三信をえんことをよくよくこころえねがふべきなり。

（『唯信鈔文意』、『註釈版』七一四頁参照）

【意訳】信心が欠けているので、そのままでは「真実の浄土」に生まれることはできないというのである。さまざまな行を修めて浄土に往生しようとする自力のものは、他力の信心が欠けている。そのため、生まれ変わり死に変わりして、はかり知れない時を経て、他力の一心を得た後に「真実の浄土」に生まれることができるので、そのままでは「真実の浄土」に生まれることはできないというのである。たとえ胎宮や辺地などといわれる「方便の浄土」に生まれたとしても、五百年もの時を経なければならず、また、億千万の人々の中で、「真実の浄土」に進むのは、まれに一人いるかどうかであると示されている。真実の信心を得ることを十分に心得て、「真実の浄土」に生まれることを願わなければならない。

（『唯信鈔文意（現代語版）』三二―三三頁参照）

と誡められています。「真実の浄土」と「方便の浄土」（胎宮や辺地など）については、前に述べたとおりです（本書四四頁～、六三頁～）。「億千万の人々の中で、『真実の浄土』に進むのは、まれに一人いるかどうかである」ということは、億千万もの人々が、「信心」を得られず、自力の心で様々な行を修めて「方便の浄土」に往生されていることになります。

これらのことを思いますと、「正信偈」に「信じることは実に難しい。難の中の難であり、これ以上に難しいことはない」（本書一七二頁）と示されていたとおり、阿弥陀如来さまの願いを聞いて疑いをまじえないこと、すなわち、「信心」をいただくことが、いかに難しいか、お分かりいただけるのではないでしょうか。

結びの「真実の信心を得ることを十分に心得て、『真実の浄土』に生まれることを願わなければならない」というお言葉を心して仰がせていただきましょう。

また、蓮如上人も、次のように仰せられています。

前々住上人（蓮如上人）仰せられ候ふ。聴聞心に入れまうさんと思ふ人はあり、信をとらんずると思ふ人なし。されば極楽はたのしむと聞きて、まゐらんと願ひのぞむ人は仏に成らず、弥陀をたのむ人は仏に成ると仰せられ候ふ。

（『蓮如上人御一代記聞書』第一二二条、『註釈版』一二七一頁参照）

【意訳】蓮如上人は、「仏法を聴聞することに熱心であろうとする人はいるが、信心を得ようと思う人はいない。極楽は楽しいところであるとだけ聞いて、往生したいと願う人は、仏に成れないのであって、**ただ弥陀を信じておまかせする人が、往生して仏に成るのである**」と仰せになりました。

（『蓮如上人御一代記聞書（現代語版）』八三頁参照）

仏法を聴聞することに熱心であろうとする人はいても、「信心」をいただこうと思う人はいないと悲しまれています。なぜなら、「信心」を得なければ、浄土には往生できないからです。「信心」をめぐまれてこそ、浄土に生まれて仏と成れますので、ここでは「仏に成れない」とおっしゃっているわけであります。

蓮如上人がご在世の時代でさえ、「信心」をいただこうと思う人はいないとのことですので、末法（仏の教え〈教〉のみあって実践〈行〉とさとり〈証〉がないという、仏教の勢いが衰えて弱くなった時代）を更に経た現代では、一層、少ないように思われます。最後の「ただ弥陀（阿弥陀仏）を信じておまかせする」という仰せのとおり、ただ阿弥陀如来さまを信じておまかせすることを第一にして、お念仏の毎日を送らせていただきましょう。

第三節　信心をいただくには

はじめに、浄土真宗のみ教えでは、私たちの行為を役立たせるということは全くなく、ひとえに阿弥陀如来さまの願いのお力によって救われてゆきます。ですから、本節の内容は、「信心」をいただくために、または、浄土に往生させていただくために、私たちの行為を役立たせるという意味ではございません。あくまで「信心」が定まっていない方は、どのように過ごせばよいか、親鸞聖人と蓮如上人のお言葉より、三つのことを取り上げ、うかがってまいります。

「信心」を得る前のことを「信前」（未信）、信心を得た後のことを「信後」（已信）といいます。

念仏する

親鸞聖人は「念仏する」ことが大切であると仰せられています。

往生を不定におぼしめさんひとは、まづわが身の往生をおぼしめして、**御念仏候ふべし**。わが身の往生一定とおぼしめさんひとは、仏の御恩をおぼしめさんに、御報恩のために、**御念仏こころにいれて申して**、世のなか安穏なれ、仏法ひろまれとおぼしめすべしとぞ、おぼえ候ふ。よくよく御案候ふべし。このほかは、別の御はからひあるべしとはおぼえず候ふ。

(『親鸞聖人御消息』第二五通、『註釈版』七八四頁)

【意訳】浄土に往生できるかどうか不安な人(信心が定まっていない人)は、まず自らの浄土往生をお考えになって、**念仏するのがよいでしょう**。自らの往生は間違いないと思う人(信心が定まった人)は、仏のご恩を心に思い、それに報いるために**心を込めて念仏し**、世の中が安穏であるように、仏法が弘まるように、と思われるのがよいと思います。よくお考えになってください。このほかに、特に何か考えなければならないことがあるとは思いません。

(『親鸞聖人御消息(現代語版)』八二頁参照)

「信心」を得られたかどうか不安な人は、浄土に生まれさせていただくことを思って念仏し、「信心」をいただけたと思う人は、阿弥陀如来さまのご恩に感謝し、心を込めてお念仏し、世の中が安穏であるように、仏法が弘まるように、と思うのがよい、とお勧めになっています（林智康著『親鸞聖人と建学の精神』一三―一四頁、四六―五〇頁、一一九―一二四頁参照）。

結局、「信心」をいただく前であっても、後であっても、お念仏を申すよう勧められ、信前でも信後でも、お念仏申す生活を離れて「信心」とは言えません。阿弥陀如来さまの仰せにしたがったお念仏生活が、そのまま「信心」をいただくことにもつながってくるのだろうと思います。

結びに「このほかに、特に何か考えなければならないことがあるとは思いません」とまでおっしゃっていますので、「阿弥陀仏にまかせよ」「阿弥陀仏を信ぜよ」という、阿弥陀如来さまの「お喚び声」におまかせしたお念仏生活を送らせていただきましょう。

聴聞する

次は、蓮如上人のお言葉で、「聴聞する」ことに尽きると示されています。

「至りてかたきは石なり、至りてやはらかなるは水なり、水よく石を穿つ、心源もし徹しなば菩提の覚道なにごとか成ぜざらん」といへる古き詞あり。いかに不信なりとも、聴聞を心に入れまうさば、御慈悲にて候ふあひだ、信をうべきなり。ただ仏法は聴聞にきはまることなりと云々。

（『蓮如上人御一代記聞書』第一九三条、『註釈版』一二九二頁）

【意訳】「〈極めて堅いものは石である。極めてやわらかいものは水である。そのやわらかい水が、堅い石に穴をあけるのである。心の奥底まで徹すれば、どうして仏のさとりを成就しないことがあろうか〉という古い言葉がある。信心を得ていないものであっても、真剣にみ教えを聴聞すれば、仏のお慈悲によって、信心を得ることができるのである。ただ仏法は聴聞するということに尽きるのである」と、蓮如上人は仰せになりました。

（『蓮如上人御一代記聞書（現代語版）』一二三—一二四頁参照）

「信心」を得ていないものでも、真剣にみ教えを聴聞すれば、阿弥陀如来さまのお慈悲によって「信心」をいただける、ただ仏法は「聴聞する」ことに尽きる、と仰せられています。「聴聞」とは、仏法をきくことであります。

「やわらかい水」とは、阿弥陀如来さまのお慈悲と聴聞すること、「堅い石」は、私たちのこりかたまった煩悩、「穴をあける」は、信心が開きおこること、と味わわせていただきます。

「信心」を得ていなくとも、一滴（ひとしずく）の水が何度も石を打つように、阿弥陀如来さまのお慈悲は常に私にはたらき続けてくださり、聴聞を何度も重ねていると、いつとは限らず疑いがなくなり、堅い石に穴があくがごとく、私のこりかたまった煩悩の闇を破って「信心」が開きおこることを教えてくださっています。

阿弥陀さまは、生きとし生けるものが煩悩にまみれ、迷いの世界（地獄・餓鬼・畜生・修羅・人間・天）を生まれ変わり死に変わりして、全くぬけ出せず、もがき苦しんでいるすがたをお哀れみになり（生起）、法蔵菩薩として、長い間、思案をめぐらし、第十八願を建てられて、極めて長い時間、はかりしれない修行を積まれ（本）、ついに阿弥陀仏と成られて、「南無阿弥陀仏」のお名号を私たちにお与えになり、まさに今も、すべての生きとし生けるものを救おうと、はたらきかけてくださっています（末）。

このように、「阿弥陀さまが願いを起こされた理由」（仏願の生起）と「願いを起こされたこと（本）と願いが完成したこと（末）」（仏願の本末）を聞かせていただくのが一番、肝心であり、このことを「名号のいわれを聞く」「本願のいわれを聞く」と申します。

親鸞聖人のお示しによりますと、「信心」とは、「お名号（ご本願）のおいわれ」を聞いて、疑いの心がないこと、疑いの心をまじえないこと、疑いのないこと、疑いをいだかないことです。

つまり、聞いたままを疑わないのが「信心」であります。聞いたまま、おいわれどおりに受け容れた心であり、それを「他力の信心」（阿弥陀如来さまの願いのお力によってめぐまれた信心）と申します。

よって、浄土真宗では、「聞く」ことがそのまま「信心」であり、「聞く」ことのほかに「信心」はない（聞即信）、といわれます。

したがいまして、先ほどからずっと、「お名号（ご本願）のおいわれ」である、「阿弥陀さまが願いを起こされた理由」（本書一六頁〜）、「願いを起こされたことと願いが完成したこと」（本書七九頁〜）について、詳しくお話しさせていただいた次第でございます。

蓮如上人は、「信心」が定まっていない方であっても、この「お名号（ご本願）のおいわれ」を真剣に聴聞すれば、阿弥陀如来さまのお慈悲によって、やがては疑いがなくなり、「信心」をいただけることをお教えくださっています。文末の「ただ仏法は聴聞するということに尽きる」という仰せのとおり、浄土真宗では、この「お名号（ご本願）のおいわれ」を聴聞させていただくことこそが、最も大切なのであります。

なお、蓮如上人は、「お聴聞」（仏法をきくこと）について、「信心」をいただく前（信前）に限らず、「信心」をいただいた後（信後）も、大事であることを示されています。

命をかけて求める心

最後は、蓮如上人のお言葉で、「命をかけて求める心」の大切さを述べられています。

前々住上人（蓮如上人）仰せられ候ふ。信決定の人をみて、あのごとくならではと思へばなるぞと仰せられ候ふ。あのごとくになりてこそと思ひすつること、あさましきことなり。仏法には**身をすてののぞみもとむる心**より、信をば得ることなりと云々。

（『蓮如上人御一代記聞書』第一九四条、『註釈版』一二九二―一二九三頁参照）

【意訳】蓮如上人は、「**信心**がたしかに定まった人を見て、自分もあのようにならなくてはと思う人は、**信心**を得るのである。あのようになろうとしても、なれるはずがないとあきらめるのは嘆かわしいことである。仏法においては、**命をかけ**

て求める心があってこそ、**信心**を得ることができる」と仰せになりました。

（『蓮如上人御一代記聞書（現代語版）』一二四頁参照）

この「命をかけて求める心」ということについて、仏教では、よくいわれることであります。これまでにも、たくさんの仏教者が、捨て身の覚悟で、どこまでも法（真理）を求め、真理を得ようと歩み続けてこられました。

なかなか難しいことですが、お釈迦さまも、ご自身の過去世において、真理を得るために、何度も身を捨てる行をなされました。浄土真宗では、お釈迦さまのような身を捨てる行は必要ありませんが、命をかけて求められた、その最たるものとして、一例のみご紹介しておきます。

有名なのは、お釈迦さまの前世の実話を基にした絵画である、法隆寺の玉虫厨子の捨身飼虎図です。お釈迦さまが前世に薩埵王子であったとき、飢えた母虎と七匹の子虎を救うために、身を投げ与えられた実話が描かれています。

聖勇菩薩（六世紀頃）の『菩薩本生鬘論』巻一「投身飼虎縁起」（『大正蔵』三・三三二頁中―三三三頁中）には、薩埵王子の父、母、長兄、次兄、及び、母虎、七匹

の子虎が、実は、そのまま浄飯父王（お釈迦さまの父）、摩耶夫人（お釈迦さまの実母）、弥勒菩薩、文殊菩薩、及び、摩訶波闍波提（お釈迦さまの養母）、大目乾連尊者（お釈迦さまの十大弟子の一人）・舎利弗尊者（同）・五比丘（お釈迦さまの最初の弟子）の前世のお姿であったことが明かされています。

お釈迦さまが前世に薩埵王子であった時代と場所については、今から約六〇〇〇年前、薩埵王子が身を投げられた後、舎利（遺骨）と髪だけが残り、その遺跡の上にストゥーパ（仏塔）が建てられて、現在は仏教聖地の一つである「ナモブッダ」（ネパールのカトマンズ）という寺院になっているそうです。

約二五〇〇年前に、お釈迦さまは、さとりを開かれた後、一二〇〇人の比丘（男性の出家修行者）・比丘尼（女性の出家修行者）を連れて、このストゥーパに礼拝され、薩埵王子がご自身（お釈迦さま）の前世であったことを明かされました。

親鸞聖人もまた、九歳で出家され、それから二十年間、比叡山で骨身を削るような修行をなさったであろうといわれています。たとえば、「常行三昧」は、九十日間、昼夜休みなく、常に、身は阿弥陀仏像の周りを歩き続け、口に阿弥陀仏の名号を称え、心に阿弥陀仏を念ずる修行であります。また、確かな資料はないものの、恐らく実践されていたであろう「回峰行」は、年数では七年間、日数では千日間かけて、比叡山の峰々を回って礼拝する修行で、一年目は一日に三十キロ、七年目は一日に八十四キロの行程を巡り、その中で、九日間の断食・断水・不眠・不臥の「堂入り」に入って、不動明王の真言を唱え続けます。

親鸞聖人は二十年間、ご修行に励まれましたが、さとりは得られず、とうとう京都の六角堂（頂法寺）の救世観音さまに祈念し、来世の救いと今後の歩むべき道を求めようと、百日間、雨の日も風の日も、比叡山（滋賀県大津市）から六角堂（京都市中京区）まで、約十八キロもの険しい道を通われたといわれています。これを「六角堂参籠」と申します。

親鸞聖人は聖徳太子さまを大変、尊敬されていて、お太子さまのご本地（ご本体）が観世音菩薩さま（観音さま）であり、六角堂はお太子さまご創建のお寺でございましたので、六角堂に参籠されたのであろうと考えられます（林智康著『親鸞聖人の歩まれた道』（二）、二一—一六頁参照）。

親鸞聖人のご内室さまの恵信尼公（一一八二～）が、末娘さまの覚信尼公（一二二四～一二八三）に書き送られたお手紙である『恵信尼消息』第一通には、

山を出でて、**六角堂**に百日籠らせたまひて、後世をいのらせたまひけるに、九十五日のあか月、**聖徳太子**の文を結びて、示現にあづからせたまひて候ひければ、やがてそのあか月出でさせたまひて、後世のたすからんずる縁にあひまゐらせんと、たづねまゐらせて、**法然上人**にあひまゐらせて、

（『恵信尼消息』第一通、『註釈版』八一一頁参照）

【意訳】親鸞聖人は**比叡山**を下りて**六角堂**に百日間こもり、来世の救いを求めて祈っていらっしゃったところ、九十五日目の明け方に、夢の中に**聖徳太子**が現れてお言葉をお示しくださいました。それで、すぐに**六角堂**を出て、来世に救われる教えを求め、**法然上人**にお会いになりました。

（『恵信尼消息（現代語版）』一二三頁参照）

としたためられています。九十五日目の明け方に、親鸞聖人は「真実の夢」である「夢告」（本書三四頁～参照）を受けられ、聖徳太子が現れて「お言葉」をお示しくだ

さった、と書かれています。

この「お言葉」に関しては、諸説ございますが、玄智師の『考信録』巻五「祖跡」（自筆七巻本・三三丁右―左／『真宗史料集成』九・六〇二頁下―六〇三頁上参照）では、僧樸師（一七一九～一七六二）の『真宗法要蔵外諸書管窺録』（写字台文庫本・三九丁左―四〇丁右／『真宗全書』七四・一一一頁上―下参照）の説を承けて、覚如上人のご門弟の乗専師（一二九五～）が書かれた、覚如上人の伝記『最須敬重絵詞』巻一によられています。

親鸞聖人は、救世観音さま（聖徳太子）に、「仏道に縁のある大切な教え」と「それを説いて導く真の教化者（指導者）」に出遇えるよう、心を尽くして願われると、夢の中で、「末法の世では念仏に及ぶものはない」と「法然聖人が今、生きとし生けるものをさとりへ導いているので、そこへ行って、さとりへの道を問うがよい」といった「お示し」（お言葉）を受けられた。

（乗専師『最須敬重絵詞』巻一第一段、『聖典全書』四・四三〇頁、筆者意訳）

親鸞聖人は、救世観音さま（聖徳太子）に、ご自身が縁のある、仰ぐべき

「法（教え）」と「師（指導者）」に出遇えるよう願われた後、「夢告」を授かり、それは「念仏」と「法然聖人」であるといった「お示し」（お言葉）を受けられました。それがご縁（契機）となって、法然聖人を訪ねられ、また百日間、雨の日も風の日も通われて、そこで初めて、「阿弥陀如来さまの他力念仏のみ教え」に遇われたのであります。

　したがいまして、二十年間の「比叡山修行」や「六角堂参籠」を経られた上での「自力」の修行の極限において、もはや、我々の「自力」と「他力」の分別をも超えた、真の「他力」に帰依されたみ教えであるということを、このたびの、「親鸞聖人御誕生八百五十年・立教開宗八百年慶讃法要」を前に、今一度、親鸞聖人のご遺徳を讃え仰がせていただきたいと存ずるばかりであります。

　さて、蓮如上人のお言葉に戻りますと、「命をかけて求める心」があってこそ、「信心」をいただける、と仰せられています。

　ここに挙げた、お釈迦さまや親鸞聖人のようには、とても致せませんが、有り難いことに、浄土真宗のみ教えを聞かせていただくものは、そのような道を行く必要はないと、親鸞聖人がお示しくださっています。

では、この蓮如上人が仰せの「命をかけて求める心」とは、一体どういうものなのか、私なりのお味わいを述べさせていただきます。

まずは「信心」を第一として、自分の命の灯火を燃やし、先に挙げた「お念仏」（本書一七八頁〜）と「お聴聞」（本書一八一頁〜）を真剣に実践させていただいておれば、阿弥陀如来さまのお慈悲は全世界に遍くみち満ちて、お包みくださっていますので、必ずや阿弥陀如来さまより「信心」をいただけることでありましょう。

親鸞聖人も、

たとひ大千世界に　みてらん火を**もすぎゆきて**
仏の御名をきくひとは　ながく不退にかなふなり

（『浄土和讃』讃阿弥陀仏偈讃、『註釈版』五六一頁）

【意訳】たとえ世界中が火の海になったとしても、**ひるまず進み、阿弥陀仏の名号を聞き信じる人は**、決して迷いの世界に戻ることのない身となるのである。

（『三帖和讃（現代語版）』二一頁参照）

と歌われています。

たとえ世界中が火の海になっても、ひるまず進み、「南無阿弥陀仏」のお名号を聞き信じるものは、必ず浄土に生まれて仏と成らせていただける、と詠まれています。私たちは日々、たくさんの心配事や悩み事を抱えて暮らしておりますが、たとえ世界中が火の海であふれかえっても、ひるまず進んで、「南無阿弥陀仏」を信じ称える身になると、命が尽きるときに、必ずお浄土に迎え取っていただけるのですから、何の心配もいりません。一切、すべてを阿弥陀如来さまにおまかせすれば、何も案ずることはございません。阿弥陀如来さまのお導きにしたがって、お念仏の日暮らしをさせていただくのみであります。

つまるところ、「信心」を根本として、真剣に「お念仏」と「お聴聞」の生活を送らせていただいておれば、阿弥陀如来さまのお慈悲によって、仏法（真理）や浄土真宗のみ教えが我が身に確かめられてまいります。ひいては、そのお慈悲が、私の心の奥底にまで至り届き、私の心に入り満ちて、必ずや「仏心」（信心）として現れおこることでありましょう。

「親鸞聖人御誕生八百五十年・立教開宗八百年慶讃法要」を前に、「信心」を得られたかどうか不安な方は、どうか、真剣に「お念仏」と「お聴聞」の生活をお送りいただけたらと願うばかりでございます。また、「信心」をいただけたと思う方は、阿弥陀如来さまのご恩に感謝し、心を込めてお念仏し、「仏恩報謝」（仏のご恩に報いて感謝する）の日暮らしを一層、なさってくださることを念じてやみません。

第四節　信心のありよう

二種深信

第三節は、信心を得る前（信前）のお話でございました。これより、信心を得た後（信後）のお話に移らせていただきます。「信心のありよう（信後）」ということで、「他力の信心」とは一体、どのようなありようなのか、どのように信じられたものなのか、その具体的な内実、内容といったところをお話しします。

まず振り返っておきますと、「信心」について、親鸞聖人は「**信心**とは、如来の本願を聞いて疑う心がないこと」（『一念多念文意』意訳）、蓮如上人は「**信心**をいただくというのは、第十八願を心得ることである」（『御文章』「信心獲得章」意訳）と仰せられています（本書一四頁〜）。

つまり、「信心」とは「第十八願を聞いて疑う心がないこと」です（本書一八三頁〜）。

また、親鸞聖人が「**信心**は、**阿弥陀仏の大いなる慈悲の心**であるであるから、必ず真実の浄土にいたる正因となる」（『教行信証』「信巻」意訳）と示されています（本書九頁〜）。阿弥陀如来さまの「大いなる慈悲」が、私の心に至り届き、その「慈悲」はそのまま、私には決しておこるはずのない「仏の心」（仏心）となるからこそ、必ず真実の浄土に往生させていただけるのであります。その「仏の心」（仏心）をもって「信心」といいます。

ですから、「信心」とは、第十八願を聞いて疑う心がないことで、それは「仏心」であり、「阿弥陀如来さまのお心」そのものなのです。だからこそ、限りない煩悩を抱えた私たちでさえも、「信心」をいただけたら、それは「阿弥陀如来さまのお心」でございますので、「方便の浄土」ではなく「真実の浄土」に生まれ、すぐさま、さとりを開いて、仏と成らせていただけるのであります。

では、その「信心」のありさま、信じぶりについて、親鸞聖人は『教行信証』「信巻」に、善導大師『観経疏』「散善義」を引かれ、具体的に示されています。

「**深心**」といふは、すなはちこれ**深信の心**なり。また二種あり。一つには、決定して深く、自身は現にこれ罪悪生死の凡夫、曠劫よりこのかたつねに没し、つねに流転して、出離の縁あることなしと**信ず**。二つには、決定して深く、かの阿弥陀仏の四十八願は衆生を摂受して、疑なく慮りなく、かの願力に乗じて、さだめて往生を得と**信ず**。（『教行信証』「信巻」、『註釈版』二一七—二一八頁参照）

【意訳】**深心**というのは、すなわち**深く信じる心**である。これにまた二種がある。一つには、わが身は今このように罪深い迷いの凡夫であり、はかり知れない昔からいつも迷い続けて、これから後も迷いの世界を離れる手がかりがないと、**ゆるぎなく深く信じる**。二つには、阿弥陀仏の四十八願は生きとし生けるものを摂め取ってお救いくださると、疑いなくためらうことなく、阿弥陀仏の願力におまかせして、間違いなく往生すると、ゆるぎなく深く信じる。

（『教行信証（現代語版）』一七二—一七三頁参照）

このご文は、「信心」のありようを二種に開いて示されたもので、「二種深信」と申します。「一つには〜」（波線部）で言われているのが「機の深信」、「二つには〜」（傍線部）で述べられているのが「法の深信」、この二種を併せて「二種深信」といいます。ただし、二種といっても、二つの「信心」があるのではなく、一つの「信心」を二つの側面から説明されたものです。

一つ目の「機の深信」とは、「私は罪深い迷いの凡夫であり、限りない昔から、いつも迷いの世界（地獄・餓鬼・畜生・修羅・人間・天）を生まれ変わり死に変わりし続けて、これからも迷いの世界を離れられない」と、深く信じる（信ぜしめられる）ことです。二つ目の「法の深信」は、「阿弥陀仏の願いは、私たち生きとし生けるものを必ずお救いくださり、疑いなく、阿弥陀仏の願いの力におまかせして間違いなく往生する」と、深く信じる（信ぜしめられる）ことです。

先ほど、「名号（本願）のいわれを聞く」とは、「阿弥陀さまが願いを起こされた理由」（本書一六頁〜）と「願いを起こされたことと願いが完成したこと」（本書七九頁〜）を聞くことである、と申しました（本書一八三頁〜）。

前者の「阿弥陀さまが願いを起こされた理由」をいわれどおりに信じられたのが「機の深信」であり、後者の「願いを起こされたことと願いが完成したこと」をいわれどおりに信じられたのが「法の深信」なのであります。

一言で申しますと、前者の「阿弥陀さまが願いを起こされた理由」は、限りない昔から煩悩に汚れて、迷いの世界（地獄・餓鬼・畜生・修羅・人間・天）を生まれ変わり死に変わりし、苦しみ続けている私がいたこと、後者の「願いを起こされたことと願いが完成したこと」は、はかり知れない思惟と修行の果てに阿弥陀仏と成られたいわれとなります。それをそのまま、いわれどおりに信じられたのが、「機の深信」と「法の深信」なのであり、また「信心」（「二種深信」）でもあるのです。

「二種深信」を私自身の言葉で申しますと、

なんとこれまで、はかり知れない過去からずっと生まれ変わり死に変わりし、六道（地獄・餓鬼・畜生・修羅・人間・天）の世界に沈み続けていた、罪深き悪深き、泥凡夫のこの私でございます。しかしながら、その私を、誰よりも救おうと、願いも修行も完成なされ、ずっとずっとはたらき続けてくださっていたのが、ほかならぬ阿弥陀如来さまであり、なんとこのご本願（願い）の有り難いことか。南無阿弥陀仏　南無阿弥陀仏　南無阿弥陀仏…

となります。阿弥陀如来さまよりいただいた「二種深信」すなわち「信心」のありようを、自身の体験を通した言葉で表現させていただきました。

親鸞聖人の二種深信のお味わい

「二種深信」について、親鸞聖人はご自身のご体験をもとに、聖人ならではのお言葉で、次のように仰せられています。

弥陀の五劫思惟の願をよくよく案ずれば、ひとへに**親鸞一人**がためなりけり。されば、それほどの業をもちける身にてありけるを、たすけんとおぼしめしたちける本願のかたじけなさよ。

（『歎異抄』後序、『註釈版』八五三頁）

【意訳】阿弥陀仏が五劫もの長い間、思いをめぐらしてたてられた本願をよくよく考えてみると、それはただ、この親鸞一人をお救いくださるためであった。思えば、このわたしはそれほどに重い罪を背負う身であったのに、救おうと思い立ってくださった阿弥陀仏の本願の、何ともったいないことであろうか。

（『歎異抄（現代語版）』四八―四九頁参照）

このお言葉は、親鸞聖人が常々、仰せになっていたようで、世界的にも有名な『歎異抄』の後序に引用されています。『歎異抄』の著者について、諸説ございますが、当寺の第七世住職玄智師は、唯円房の説を採られ、現在の通説でも唯円房とされています。『歎異抄』は、親鸞聖人がご往生の後に生じた異義（正しい教えと異なる説）を歎いて著されたもので、聖人の語録が集められています。

阿弥陀如来さまが五劫もの長い間、禅定に入って思惟された「ご本願」（「第十八願」）は、ただ、この「親鸞一人」をお救いくださるためであった、と仰せられています。その後の「このわたしはそれほどに重い罪を背負う身であった」は「機の深信」、「救おうと思い立ってくださった阿弥陀仏の本願の、何ともったいないことであろうか」が「法の深信」に当たります。

先ほど申したとおり、「機の深信」は「私は罪深い迷いの凡夫であり、限りない昔から、いつも迷いの世界を生まれ変わり死に変わりし続けて、これからも迷いの世界を離れられない」、「法の深信」は「阿弥陀仏の願いは、私たち生きとし生けるものを必ずお救いくださり、疑いなく、阿弥陀仏の願いの力におまかせして間違いなく往生する」と、深く信じる（信ぜしめられる）ことですので、親鸞聖人のお言葉の方は更に短くなっておりますが、見事に対応しているのがお分かりいただけますでしょうか。

「機の深信」も「法の深信」も、共に本当に深く信じて（信ぜしめられて）いなければ、聖人のようなお言葉は出てこないと思われます。共にゆるぎなく深く信じられて（信ぜしめられて）いるからこその、聖人のお言葉であったと拝察いたします。

憚りながら、「機の深信」と「法の深信」を併せた「信心」（「二種深信」）のありようを更に短く言えば、「それほどに重い罪を背負う私をお救いくださるのがご本願であった」、「罪深い迷いの私を間違いなくお救いくださるのが第十八願であった」などとなりましょう。

筆者自身の二種深信の体験

かつて、私自身の体験でも、「二種深信」（信心）を深く自覚せしめられたことがございました。

それは、平成十八年（二〇〇六）一月、父である前住職が亡くなり、翌年の平成十九年（二〇〇七）三月二十九日に、住職の資格取得にも必要な教育である教師教修（十日間）を修了して、自坊（当寺）に戻り、本堂でお勤め（読経）した直後のお話であります。

そのときのことを、前住職の三回忌法要の『記念誌』（平成二十・二〇〇八年一月）には、次のように書き記しておりました。

（跡を継いで間もない頃に作成しましたので、つたない文章ですが、ご容赦ください）

殊更に、その心境が一転しましたのが、教師教修（住職の資格取得にも必要な教育）の最終日である平成十九年（二〇〇七）三月二十九日（当時二十四歳）に、自坊（当寺）に戻り、事なく修了させていただいたことの御報告を兼ねて、本堂で勤行（読経）後、千々に思いをめぐらす中、私の心は悔悟の情で満たされました。

阿弥陀仏が五劫という極めて長い時間をかけて思案され、お誓いくださった「**御本願**」を、祖師方、親鸞聖人をはじめ、多くの先人方、そして父を通して、私は聞かせていただき、この世に生を受けたときからずっと、実は、この浄土真宗のみ教えに出遇わせていただいていたのでありました。また、父・母をはじめ、親族、先生方、御法類・御門徒の皆様、その他、多くの方々にも、愛され、手を引かれて、ここまでお育ていただいていたのでありました。

それにもかかわらず、私は皆、裏切ってばかりで、そのみ教えを聞かせていただこうともせずに、自分の欲望ばかり追いかけて、まさに放逸そのものであり、なんと愚かで自分勝手な、救われ難いこと極まりない**私**であったのかと、ただただ自分自身を恥じ入るばかりでありました。しかし、そのように、どうしようもない私をお救いくださるのが、阿弥陀如来さまであり、なんとこの「**御本願**」の有り難いことかと、そのとき初めて、浄土真宗のみ教えに出遇わせていただいたのであります。

そして、このように全く当てにならない私であり、明日になれば、心の中が怒り、おごりといった憍慢の心（おごりたかぶる心）にみち満ちているかもしれない私ではありますが、一日に二回だけでも本堂でお念仏を申させていただいて、正しい方向を視させていただこうと、涙ながらに思いを致し、慚愧（罪を恥じること）に堪えない思いでありました。気付けば、阿弥陀如来さまの前に三時間ほど座り込んでおり、この日は祖母の祥月命日でもありました。

しかし、このような思いに至ってもなお、私の憍慢の心が尽きることはございません。

まことに知んぬ、悲しきかな愚禿鸞、愛欲の広海に沈没し、名利の太山に迷惑して、定聚の数に入ることを喜ばず、真証の証に近づくことを快しまざることを、恥づべし傷むべしと。

（『教行信証』「信巻」）

という親鸞聖人のお言葉が、私の心に痛烈な衝撃とともに響いてまいります。

（『慶證寺第十三世住職　浄信院釋英勝法師　三回忌法要記念誌』「はじめに」
四―五頁参照）

波線部の「…自分の欲望ばかり追いかけて…なんと愚かで自分勝手な、救われ難いこと極まりない**私**であったのか」は「機の深信」、傍線部の「そのように、どうしようもない**私**をお救いくださるのが、阿弥陀如来さまであり、なんとこの「**御本願**」の有り難いことか」が「法の深信」に当たります。

「機の深信」の「罪深い迷いの凡夫」のとおり「罪深い私」であったと、真に自覚させられ、「法の深信」の「阿弥陀仏の願いの力におまかせして間違いなく往生する」のとおり「どうしようもない**私**をお救いくださるのが、阿弥陀如来さまであり、なんとこの「**御本願**」の有り難いことか」と、深く信じ知らされています。

私は生まれたときから、浄土真宗のみ教えに、出遇わせていただいていたにもかかわらず、本当の意味では、出遇わせていただけておりませんでした。

しかしながら、この「二種深信」（信心）の体験を通して、初めて、本当に、浄土真宗のみ教えに遇わせていただいたのであります。

この拙文を書いたとき（当時二十四歳）は、住職を継職して、まだ半年も経っていない頃で、「二種深信」についても、あまり深く分かっておりませんでした。

しかし、この体験は、私にとって、過去に例のない、その後の心境が一転するほどの、言葉には表し尽くせない、不可思議で無尽蔵なものでございました。

ですから、有縁の方々とお会いしたときは、この体験について、お話しさせていただき、たくさんの方々よりご指導・ご助言などを賜りまして、今も感謝の念に堪えません。ただ、果たして、この体験を「信心体験」と言ってよいのか、何なのか、はっきりとは分からず、日々、過ごしておりました。

その後、仏教・浄土真宗のみ教えを学んでいくうちに、それはそのまま「二種深信」の体験（宗教体験）であり、取りも直さず「信心体験」である、と知らしめられたことでございます。

すなわち、私の場合は「体験」が先であり、その後、「経典」のご文などを拝して、その「体験」が正しいのかどうか、確認させていただいた次第でございました。浄土真宗のみ教えとの出遇い方、「二種深信」の体験、「信心体験」などは、人それぞれに在り方があろうと思いますので、一例としてお聞きいただけたら幸いです。

慚愧と歓喜

拙文の最後に引用したのは、親鸞聖人のお言葉であります。

> まことに知んぬ、**悲しきかな**愚禿鸞、愛欲の広海に沈没し、名利の太山に迷惑して、定聚の数に入ることを喜ばず、真証の証に近づくことを快しまざることを、**恥づべし傷むべし**と。
> （『教行信証』「信巻」、『註釈版』二六六頁）
>
> 【意訳】今、まことに知ることができた。**悲しいことに**、愚禿親鸞は、愛欲の広い海に沈み、名利の深い山に迷って、正定聚に入っていることを喜ばず、真実のさとりに近づくことを楽しいとも思わない。**恥ずかしく嘆かわしいことである**。
> （『教行信証（現代語版）』二六〇頁参照）

「愛欲」とは、むさぼり愛着すること、「名利」は、名誉欲と財産欲のこと、「正定聚」は、浄土に往生することが正しく定まり、必ずさとりを開いて仏に成ることが決定している仲間（聚）をいいます。

親鸞聖人は「むさぼりや愛着などに沈み、名誉欲や財産欲などに迷い、浄土に往生して仏と成ることが正しく定まったことを喜ばず、真実のさとりに近づくことを楽しいとも思わない」といった、ご自身の煩悩について「恥ずかしく嘆かわしいことである」と悲しまれています。

これは「機の深信」より生まれた「慚愧」（罪を恥じること）のお心であります。

それに対して、親鸞聖人の「化身土文類」後序には、

> 慶ばしいかな、心を弘誓の仏地に樹て、念を難思の法海に流す。深く如来の矜哀を知りて、まことに師教の恩厚を仰ぐ。慶喜いよいよ至り、至孝いよいよ重し。
>
> （『教行信証』「化身土巻」後序、『註釈版』四七三頁）

【意訳】まことに慶ばしいことである。心を本願の大地にうちたて、思いを不可思議の大海に流す。深く如来の慈悲のおこころを知り、まことに師の厚いご恩を

仰ぐ。よろこびの思いはいよいよ増し、敬いの思いはますます深まっていく。

（『教行信証（現代語版）』六四五頁参照）

と述べられています。

親鸞聖人が、阿弥陀如来さまの願いをゆるぎなく信じ、如来さまの慈悲のおこころをお知りになって、慶ばれています。

こちらは「法の深信」より生じた「歓喜」（よろこびのこと）のお心といえます。

ですから、浄土真宗では、「信心」をいただいた心境として、「慚愧」（悲嘆）と「歓喜」（慶喜、法悦、感謝）などのように、対比して言われることがよくあります。一見、矛盾しているような、正反対のお心のように思われますが、そうではなく、どこまでも「信心」という一つの心、「一心」でございます。これは体験しなければ、本当には分かりませんので、どうか「信心」をめぐまれていただきますよう、ひとえに願うばかりであります。

本当に「信心」を得られた、浄土真宗の篤信の念仏者を讃えて「妙好人」といわれます（林智康・井上善幸編『妙好人における死生観と超越』参照）。

「妙好人」の方々は、仏教・真宗を単に頭や理屈だけで理解するのではなく、身心（体と心）で見事に体得なされた本物の仏教者・真宗者でいらっしゃいますので、私も大変、深く尊敬しております。

有名な「妙好人」はたくさんおいでになり、まずは有福の善太郎同行（一七八二～一八五六）と出羽の磯七同行（一七六〇～一八五二）のお話をご紹介します。

磯七さまが「信心」のよろこびの生活を送られている頃、その噂を聞いた善太郎さまが、磯七さまを訪ねられました。阿弥陀如来さまより「信心」をめぐまれ、お救いにあずかることができた身をお互いによろこばれ、一晩中、仏教の奥深さについて語り合い、踊り明かされたそうです。後日、善太郎さまが磯七さまにお手紙を送られると、四枚の半紙にぎっしりと「おありがたや」と書かれていました。磯七さまはご返事で、同じく四枚の半紙に「おはずかしや」としたためられたそうであります（『山陰　妙好人のことば』一二七頁参照）。

先ほど、「信心」をいただいた心境として、「慚愧」と「歓喜」と申したとおり、磯七さまの「おはずかしや」に「慚愧」、善太郎さまの「おありがたや」には「歓喜」

のお心がうかがえます。

また、同じく「妙好人」として有名な、石見の才市同行（一八五〇～一九三二）は、他力の信心を詠んだ詩を八千首以上、遺されています。その中の一首に、次のような詩がございます。

（以下、才市同行の詩の傍線・太字・補足等は筆者によるもので、適宜、漢字を仮名、仮名を漢字などに改めました）

わたしゃ罪でも六字の**慚愧**
わたしゃ罪でも六字の**歓喜**
南無は**慚愧**で
阿弥陀は**歓喜**
慚愧歓喜の南無阿弥陀仏
（楠恭編『定本・妙好人才市の歌』二・二三八頁参照）

「わたしゃ罪でも」を二回、言われて、「慚愧」のお心が現れていますが、「歓喜」のお心と一体となられています。

同様の詩がほかにもあり、次のように詠まれています。

慚愧歓喜のふたつの宝　もろていただく　なむあみだぶつ。

（『同』三・一七〇頁参照）

慚愧には歓喜のよろこびあり
歓喜には慚愧のあやまりあり
これがなむあみだぶつなり
これが才市がよろこび。

（楠恭著『妙好人を語る』一一八頁）

ありがたやあさましや
法は歓喜で機は慚愧
慚愧歓喜のなむあみだぶつ。

（同右）

最初の詩に「慚愧」と「歓喜」を「ふたつの宝」と、すばらしい表現でほめ讃えられていますが、それはそのまま「なむあみだぶつ」（なもあみだぶ）の一つであり、「一心」（信心）の現れであります。次の詩には、「歓喜」を「よろこび」、「慚愧」を

「あやまり」のお言葉で示されています。最後の詩は、善太郎さまと同じ「ありがたや」に、磯七さまの「おはずかしや」に似た「あさましや」というお言葉をもって、「歓喜」と「慚愧」を表されています。まことの「信心」を体験された方でなければ、出てこないお言葉であり、深く感応いたします。

最後の詩の、「法」とは「阿弥陀如来さまの救いのはたらき」、「機」は「信心」を表しています。この「機」と「法」とが一体となって「南無阿弥陀仏」のお名号の中に成就されていることを「機法一体の南無阿弥陀仏」と申します。

蓮如上人の『御文章』に、次のように書かれています。

まづ「南無」といふ二字は、すなはち帰命といふこころなり。「帰命」といふは、衆生の阿弥陀仏後生たすけたまへとたのみたてまつるこころなり。また「発願回向」といふは、たのむところの衆生を摂取してすくひたまふこころなり。これすなはちやがて「阿弥陀仏」の四字のこころなり。さればわれらごときの愚痴闇鈍の衆生は、なにとこころをもち、また弥陀をばなにとたのむべきぞといふに、もろもろの雑行をすてて一向一心に後生たすけたまへと弥陀をたのめば、決定極楽に往生すべきこと、さらにその疑あるべからず。このゆゑに南無の二字は、衆生の弥陀をたのむ機のかたなり。また阿弥陀仏の四字は、たのむ衆生をたすけたまふかたの法なるがゆゑに、これすなはち機法一体の南無阿弥陀仏と申すこころなり。この道理あるがゆゑに、われら一切衆生の往生の体は南無阿弥陀仏ときこえたり。

（『御文章』四帖目第一四通「一流安心章」、『註釈版』一一八六―一一八七頁参照）

【意訳】まず「南無」という二字は、帰命ということです。「帰命」とは、生きとし生けるものが阿弥陀如来に仰せのまま浄土に往生させてくださいと信じておまかせすることです。また、「発願回向」とは、おまかせした生きとし生けるものを阿弥陀如来が摂め取ってお救いになることです。これはそのまま「阿弥陀仏」の四字の意味でもあります。

そこで、私たちのような愚かなものは、どういう心を持ち、また、阿弥陀如来に、どのようにおまかせ申し上げればよいのかというと、自力にたよることをやめ、念仏以外のさまざまな行を捨てて、仰せのままに浄土に往生させてくださいと、二心なく阿弥陀如来におまかせすれば、必ず浄土に往生するのであり、これを疑ってはなりません。

このように、「**南無**」の二字は、生きとし生けるものが阿弥陀如来におまかせする**機**（**信心**）をあらわしているのです。また、「**阿弥陀仏**」の四字は、おまかせする生きとし生けるものをお救いくださる**法**（**力・はたらき**）をあらわしているから、**機法一体の南無阿弥陀仏**というのです。このようないわれがあるので、私たちの往生は**南無阿弥陀仏**（の六字）にあらわし尽くされているのです。

「南無阿弥陀仏」の六字について、「南無」の二字とは、生きとし生けるものが阿弥陀如来におまかせする「信心」（機）、「阿弥陀仏」の四字は、おまかせする生きとし生けるものをお救いくださる「力」（法）を表しているので、「機法一体の南無阿弥陀仏」と言い、私たちの浄土往生は「南無阿弥陀仏」の六字名号のほかにはなく、「南無阿弥陀仏」が私たちの心に至り届いたすがたを「信心」といい、「南無阿弥陀仏」も「信心」も一つであることを示されています。

要するに、「南無阿弥陀仏」とは、「阿弥陀仏」の方（阿弥陀如来さま）から言えば、「わたしにまかせるものを必ず救おう」という本願の仰せであり、「南無」の方（生きとし生けるもの）から言うと、「必ずお救いください、阿弥陀仏におまかせします」という信心のすがたを表しています。

更に短く申しますと、「阿弥陀仏」は「わたしにまかせよ、必ず救う」という仰せ、「南無」は「お救いにおまかせします」という信心を表しています。

よって、「わたしにまかせよ、必ず救う」という「南無阿弥陀仏」を、疑いをまじえずに聞けば、そのまま「お救いにおまかせします」という「信心」となってくださるのであり、これを「如来よりたまわりたる信心（如来さまからいただいた信心）」（『歎異抄』後序、『註釈版』八五二頁、『歎異抄（現代語版）』四七頁参照）と申すわけであります。

才市さまは、十九歳でお母さまを亡くされ、聞法（仏の教えを聞くこと）を始められたそうです。四十五歳のときにお父さまが往生され、一層、聴聞に励まれましたが、「なんぼ聞いても真宗の信心はわからん」（『山陰　妙好人のことば』五四頁）という時代が長く続いて、六十歳頃にようやくお念仏が喜べるようになられました。

やがて、お念仏の喜びが詩の形で口をついて出るようになり、「わたしゃしやわせ　御文章さまに　案内されて　催促されて　申す念仏　なむあみだぶつ」（『同』九〇頁参照）と書かれているとおり、蓮如上人の『御文章』を日に何度も拝読されたそうです。才市さまの読まれていた『御文章』は、指の当たる箇所がすりへって穴があいています。

十九歳頃から聞法を始められ、紆余曲折を経て、「信心」をめぐまれたのは、五十歳を過ぎてからのことであったそうです。

後に自らを反省された詩も、次のように遺されています。

理屈で詰めておるから　わからん　そりゃわからんはずよ　自力で他力を聞いて
おるから　わからんはずよ

（鈴木大拙編『妙好人 浅原才市集』三九三頁参照）

道理理屈を聞くじゃない　味にとられて味を聞くこと

（『山陰　妙好人のことば』八四頁参照）

仏教において、大切なのは、「頭ではなく心」「頭ではなく心と体」といったことがよく言われます。自省の意味を込めて申しますと、現代の教育では、「頭」を使うことが非常に多いため、「頭」と比べて「心」がおざなりになっている面がたくさんあります。それゆえ、どうしても、仏教を「頭」で理解して分かったつもりになってしまいますが、仏教は、どこまでも「実践」であり「体験」でございますので、いかに法（真理、教え）を「心と体」で聞いて「実践・体験」するか、に尽きると言えます。

ここをもって、才市同行は「理屈で詰めておるからわからん」「道理理屈を聞くじゃない」と、「頭」だけの理解を誡められています。また、「味にとられて味を聞くこと」と、阿弥陀如来さまのお救い・お恵みを「心と体」で聞いて「実践・体験」せしめられるよう、お勧めになっています。そうして初めて、「法味」（仏法の奥深さを体得して分かる味わい）という「味」が分かり、それでこそ、それこそが、本当の仏教である、と教えてくださっています。

前の第三節「信心をいただくには」（本書一七八頁～）での「実践・体験」とは、やはり「信心」を第一とした「お念仏生活」「お聴聞生活」であろうと思います。それを「心と体」で「実践・体験」してこそ、本当の、仏法の「味」、阿弥陀如来さまのお恵みの「味」、お念仏・ご信心の「味」が分かることでありましょう。

「信心」を根本とした「お念仏生活」「お聴聞生活」の「実践・体験」なくして、「頭」や「理屈」(科学的・客観的・哲学的・解釈学的・分析的・分類的などの理解)だけでは、想像で終わってしまい、仏法の「味」、阿弥陀如来さまのお恵みの「味」、お念仏・ご信心の「味」を本当に知ることはできません。

ですから、どうか、その「味」を体験してください、その「味」を体験してこその仏教ですよ、仏法ですよ、とお諭しくださっているように感じられます。

才市同行が、「信心」をめぐまれ、阿弥陀如来さまのお恵みの「味」、お念仏・ご信心の「味」を本当にお分かりになって、次のように詠まれています。

なむあみだぶつ
歓喜添え物
信心お飯
慚愧の箸に

うまいうまい

（『山陰　妙好人のことば』一〇二頁）

ご飯を箸と添え物でいただくように、「信心」を「慚愧」と「歓喜」で味われて、その「味」わいたるや、「うまいうまい」と、ご自身の素直なお言葉でもって表現されています。真の仏教・仏法を見事に体現され、阿弥陀如来さまのお救い・お恵みが真実であることを、私たちにお知らせくださっているように思われます。

「妙好人」の中には、読み書きのできない方が多くいらっしゃいます。先ほども、仏教で大切なのは「頭ではなく心」と申したとおり、お釈迦さまも、どこまでも「心」を説かれました。「信心」も「心」であり、結局、真理からいえば、大切なのは「心」であり、今でいう「学」（体系化された知識）がなくとも、読み書きができなくとも、全く関係ございません。

あらゆる仏の教えとして有名な「七仏通誡偈」に、仏教の基本が説かれています。

諸の悪を作すなかれ
諸の善を奉行せよ
自らその意を浄くする

これ諸仏の教なり

(『法句経』巻下「述仏品」「七仏通誡偈」、『大正蔵』四・五六七頁中、原漢文)

【意訳】いかなる悪も行わず
もっぱら善を完成し
自己の心を浄くする
これが諸仏の教えなり

「悪をやめて善をなし、自己の心を浄くする」と、自分の「心」を浄らかにするのが、もろもろの仏の教えである、と示されています。

しかし、浄土真宗では、この自分の「心」を浄らかにするのが、私たちには大変、難しいので、阿弥陀如来さまの「南無阿弥陀仏を信じ称えよ」という仰せに、すべてをおまかせする「信心」をいただくだけで、お救いいただけるのであります。誠に有り難いみ教えに出遇わせていただいております。

よって、浄土真宗では、「自己の心を浄くする」というよりも「阿弥陀如来さまのお心をいただく」と言えます。

しかしながら、浄らかな「仏心」（信心）をいただくわけですので、結果的には、同じ成仏の道を歩ませていただけることとなります。

「読み書き」に関連して、玄智師も『考信録』巻五（六巻書写本）に、

> 考えてみると、蓮如上人の仏道の徳は勢いが盛んであり、その智慧の輝きは百代にわたって身に受けさせていただく。どうして文章をもって論ずる人がいるのだろうか。蓮如上人の仰せのご法語は、この世の門信徒が敬いたてまつること、あたかも仏の説かれたお経のようである。後の世の、人を教え導く師が、たとえ思いを及ぼし、考えを突き詰めても、絶やして肩を並べるべきではない。文章をもって蓮如上人を見るのは、蓮如上人を知る人ではない。（後略）
>
> （『考信録』巻五「五帖消息重累倒語」三六丁右―左、筆者意訳／『真宗史料集成』九・五八二頁下―五八三頁上参照）

と述べられています。蓮如上人の「文章」（の巧みさなど）をもって、蓮如上人の「お徳」「ご人徳」を論じるのは、正しい見方ではない、と誡められています。真理から見ても、蓮如上人はご高徳な方であると、玄智師も深く尊敬されていたことが

うかがえます。続いて、玄智師は、

文章が巧みか下手かも、その方のすぐれた立派な徳を、いささかも悩ませることはない。たとえば、証真法印の『天台三大部私記』を調べても、中国天台宗の天台大師（智顗禅師）・妙楽大師（荊溪尊者）の誤りが所々にある。中国禅宗の慧能禅師は、「天竺」（インド）と「極楽」を取り違えているほど、名前やその相に暗い人であるけれども、中国禅宗第六祖の位に就かれ、禅宗において、極めて法（真理）にすぐれたお方であるようなものである。（中略）

昔、日本に出られた、高徳の僧の多くは文章に暗い。弘法大師空海上人は文章家（文章を作るのが巧みな人）であり、これはまれなことである。（中略）

文章は非常につたないとしても、同時に、その徳を妨げられることはない。近頃は文章に専念する者が多いが、その人物は極めて下劣であり、ほめたたえるのに十分な者はいない。文字がどうして仏道において利益があると言えようか

（『考信録』巻五「五帖 消息重累倒語」三六丁 左―三七丁右、筆者意訳／『真宗史料集成』九・五八三頁上参照）

と、中国の慧能禅師（六三八～七一三）や、昔の日本に出られた高僧の多くを例に挙げ、文章が巧みか下手かは、仏道には関係ないことを示されています。
最後に、才市同行の詩を三首ご紹介しておきます。

あさましのわしの心は地獄の心
これが地獄よ　あさましあさまし
なむあみだぶつなむあみだぶつ
なむあみだぶつなむあみだぶつ
なむあみだぶつなむあみだぶつ。

（楠恭著『妙好人を語る』九六頁参照）

才市や悪いこと底がない
親のええこと底がない
ご恩うれしや　なむあみだぶつ。

（『同』一一二頁参照）

よろこびは世界に満ちて

心に満ちて世界も
心もなむあみだぶつ

（鈴木大拙編『妙好人　浅原才市集』一八一頁参照）

一首目は、「あさまし」のお言葉で、自分の心が地獄の心であることを詠まれ、「慚愧」が現れ出ています。二首目の「親」とは、阿弥陀如来さまのことをいいます。自分の悪いことに底がないと、「慚愧」が現れているのに対して、阿弥陀如来さまの善いことには底がないと、「うれしや」のお言葉とともに「歓喜」のお心もうかがえます。三首目は、特に私も好きな詩で、当寺の伝道掲示板にも書かせていただいたことがございます。詩全体も「歓喜」に満ちていて、阿弥陀如来さまのお救いにあずかることができた身をよろこばれています。

磯七さまの「おはずかしや」と善太郎さまの「おありがたや」（本書二一〇頁～）と同様に、才市さまの「あさまし」と「うれしや」にも、「慚愧」と「歓喜」のお心が見られます。ですから、一言で申すならば、「信心」より生ずる「慚愧」と「歓喜」は、「おはずかしや」と「（お）ありがたや」、または、「あさまし」と「うれしや」のお心と申せます。つまるところ、もっと身近に表現しますと、「慚愧」と「歓喜」とは、

「申し訳ございません」と「ありがとうございます（うれしいことです）」のお心と言えましょう。

浄土真宗における悪人

先ほどご紹介した『歎異抄』（本書五一頁〜、一九九頁〜、二一六頁）は、宗教・宗派を超えて、多くの人々に読まれている仏教書であります。江戸時代までの写本や刊本なども残っており、当時の一般の方々にも大きな影響を与えたといわれています。

「悪人正機」で有名な『歎異抄』第三条には、次のように述べられています。

善人なほもつて往生をとぐ。いはんや悪人をや。しかるを世のひとつねにいはく、「悪人なほ往生す。いかにいはんや善人をや」。この条、一旦そのいはれあるに似たれども、本願他力の意趣にそむけり。そのゆゑは、自力作善のひとは、ひとへに他力をたのむこころかけたるあひだ、弥陀の本願にあらず。しかれども、自力のこころをひるがへして、他力をたのみたてまつれば、真実報土の往生をとぐるなり。煩悩具足のわれらは、いづれの行にても生死をはなるることあるべからざるを、あはれみたまひて願をおこしたまふ本意、悪人成仏のためなれば、他力をたのみたてまつる悪人、もつとも往生の正因なり。よつて善人だにこそ往生すれ、まして悪人はと、仰せ候ひき。

（『歎異抄』第三条、『註釈版』八三三—八三四頁参照）

【意訳】善人でさえ浄土に往生することができるのです。まして悪人は言うまでもありません。

ところが、世間の人は普通、「悪人でさえ往生するのだから、まして善人は言うまでもない」と言います。これは一応もっともなようですが、本願他力の救いのおこころに反しています。なぜなら、自力で修めた善によって往生しようとする人は、ひとすじに本願のはたらきを信じる心が欠けているから、阿弥陀仏の本願にかなっていないのです。しかし、そのような人でも、自力にとらわれた心をあらためて、本願のはたらきにおまかせするなら、真実の浄土に往生することができるのです。

あらゆる煩悩を身にそなえている私どもは、どのような修行によっても迷いの世界を逃れることはできません。阿弥陀仏は、それをあわれに思われて、本願をおこされたのであり、そのおこころは私どものような悪人を救いとって仏にするためなのです。ですから、この本願のはたらきにおまかせする悪人こそ、まさに浄土に往生させていただく因を持つものなのです。

それで、善人でさえも往生するのだから、まして悪人は言うまでもないと、聖人は仰せになりました。

（『歎異抄（現代語版）』八―九頁参照）

冒頭の「善人なほもつて往生をとぐ。いはんや悪人をや」のご文は、よく知られています。注意していただきたいのは、ここでいう「善人」と「悪人」とは、一般的にいわれる、法律・道徳・倫理などを基準にした意味ではありません。浄土真宗のみ教えを基準にした意味でございます。

では、どのような意味か、原文から申しますと、「善人」は「自力作善のひと」、「悪人」は「煩悩具足のわれら」であります。意訳では、「善人」は「自力で修めた善によって往生しようとする人」、「悪人」は「どのような修行によっても迷いの世界を逃れることのできない、あらゆる煩悩を身にそなえている私ども」となります。

つまり、「善人」とは「阿弥陀如来さまの願いを疑い、自分の力に頼って善い行いを修めて往生しようとする人」、「悪人」は「阿弥陀如来さまの願いを信じ、自分の力では往生できないと、自分の煩悩や悪や罪の深さを自覚した人」と言えましょう。

したがって、「善人」と「悪人」とは、「自分が善い行いをして往生できると思っている人」と「自分の力では往生できないと、自分の悪さを知らされた人」と言えますし、「阿弥陀如来さまの願いを疑っている人」と「阿弥陀如来さまの願いを信じる人」とも申せます。平たく言いますと、「善人」は「自分を善人と思っている人」、「悪人」は「自分を悪人と思っている人」でありましょう。逆説的な表現を用いて、浄土真宗のみ教えを明らかにされています。

この『歎異抄』第三条にも、「二種深信」（信心）のお心が示されています。「あらゆる煩悩を身にそなえている私どもは、どのような修行によっても迷いの世界を逃れることはできません」は「機の深信」、「阿弥陀仏は、それをあわれに思われて、本願をおこされたのであり、そのおこころは私どものような悪人を救いとって仏にするためなのです」が「法の深信」に当たります。

「悪人正機」の「正機」とは、「正しき目当て（対象）」のことで、「正しき救いの対象」を意味しています。よって、「悪人正機」とは、「悪人こそが阿弥陀仏の正しき救いの対象である」という意で、阿弥陀仏の本願による救いは悪人（自分の力では往生できないと、自分の悪さを知らされた人）のためにあることをいいます。

決して、一般的な「悪人」の意味で捉えないようにしてください。これを一般的な「悪人」の意味であると考えて、「どれだけ悪いことをしてもいい」「悪いことをした方が救われる」などと理解するのは、「造悪無碍」（悪を造ることに碍げ無し）と言って、間違った考え（異義）であり、親鸞聖人は「御消息」などで強く誡められています。前に引用した『親鸞聖人御消息』第二七通（本書九二頁～）にも、そのような誤った考えの人は「地獄に堕ち、または魔王やそれにつき従うものとなることでしょう」と示されていました。くれぐれもお気を付けくださいますよう、お願いいたします。

しかし、いつの時代も、そのような間違った考えの人たちがいて、誠に嘆かわしく思うばかりです。

だからこそ、蓮如上人は『歎異抄』書写本の最後に、

右この聖教は、当流大事の聖教となすなり。**無宿善の機においては、左右なく、これを許すべからざるものなり。**

釋蓮如（花押）

（『歎異抄』流罪記録、『註釈版』八五六頁参照）

【意訳】この『歎異抄』は、わが浄土真宗にとって大切な聖教である。**仏の教えを聞く機縁が熟していないものには、安易に、この書を見せてはならない。**

釋　蓮如（花押）

（『歎異抄（現代語版）』五五頁参照）

と付け加えて書き記されています。『歎異抄』の原本は不明であり、書写本の中では、蓮如上人書写本が最も古いとされています。その終わりに、蓮如上人が、『歎異抄』は大切な聖教であり、仏の教えを聞く機縁が熟していないものには、見せて

はならないと、注意を促されています。

現代においても、第三条に限らず、『歎異抄』を誤って理解されている方が多いので、親鸞聖人がお示しくださったおこころを正しくお聞きいただきたいと、念ずるところであります。

また、親鸞聖人は「御消息」に、

故法然聖人は、「浄土宗の人は**愚者**になりて往生す」と候ひしことを、たしかにうけたまはり候ひしうへに、

（『親鸞聖人御消息』第一六通、『註釈版』七七一頁）

【意訳】今は亡き法然聖人が「浄土の教えを仰ぐ人は、**わが身の愚かさ**に気づいて往生するのである」と仰せになっていたのを確かにお聞きしましたし、

（『親鸞聖人御消息（現代語版）』六一頁参照）

と述べられています。法然聖人が「浄土の教えを聞く人は、我が身の愚かさを知らされ、愚かさに気付かされ、往生させていただく」といったことを仰せられていた、と示されています。

これまで、「凡夫」「悪人」「愚者」など、たくさんの人間の呼び方が出てまいりました。そうした私たち人間の在り方について、親鸞聖人は、次のように明かされています。

「凡夫」といふは、無明煩悩われらが身にみちみちて、欲もおほく、いかり、はらだち、そねみ、ねたむこころおほくひまなくして、臨終の一念にいたるまで、とどまらず、きえず、たえずと、水火二河のたとへにあらはれたり。**かかるあさましきわれら**、願力の白道を一分二分やうやうづつあゆみゆけば、無碍光仏のひかりの御こころにをさめとりたまふがゆゑに、かならず安楽浄土へいたれば、弥陀如来とおなじく、かの正覚の華に化生して大般涅槃のさとりをひらかしむるをむねとせしむべしとなり。

（『一念多念文意』、『註釈版』六九三頁参照）

【意訳】「凡夫」というのは、わたしどもの身には無明煩悩がみち満ちており、欲望も多く、怒りや腹立ちやそねみやねたみの心ばかりが絶え間なく起こり、まさに命が終わろうとするそのときまで、止まることもなく、消えることもなく、絶えることもないと、水火二河の譬えに示されているとおりである。**このような**

嘆かわしいわたしどもも、二河にはさまれた一すじの白道、すなわち、本願のはたらきの中を一歩二歩と、少しずつ歩いていくなら、無礙光仏（阿弥陀仏）と示された光明のお心に摂め取ってくださるから、必ず浄土に往生することができる。そうすれば、阿弥陀如来と同じく、浄土のさとりの花に生まれ、この上ないさとりを開かせていただくのである。このことを根本としなさい、というのである。

（『一念多念文意（現代語版）』三七―三八頁参照）

ここにも、「二種深信」の立場が示されているといえます。「機の深信」は波線部、「法の深信」が傍線部に当たります。「無明」とは、真理に暗く、智慧がないことを指し、煩悩の根本、苦しみの根源といわれます。「水火二河の譬え」は、浄土往生を願う生きとし生けるものが、信心を得て浄土に往生するまでを譬喩によって表したものです。詳しくは、別の機会にお話しします。

「水の河」は生きとし生けるものの貪愛（むさぼり愛着すること）、「火の河」は瞋憎（いかり憎むこと）、「二河にはさまれた一すじの白道」は、阿弥陀如来さまの願いのお力（阿弥陀仏の本願力）、及び、阿弥陀如来さまよりいただく清らかな信心（浄土往生を願う清浄の信心）を喩えています。

すなわち、煩悩にまみれた私たちは、むさぼり、怒り、腹立ち、そねみ、ねたみの心ばかりが、命尽きるまで、絶え間なく起こり、煩悩の真っただ中にいることを示されています。

しかしながら、そのような私たちであっても、阿弥陀如来さまの願いとそのお力にすべてをおまかせして、一歩二歩と、少しずつ歩んでゆくなら、「信心」をめぐまれたときに、阿弥陀如来さまの光明に摂め取られるので、必ず浄土のさとりの花に生まれ、この上ないさとりを開かせていただける、とお教えてくださっています。

第五節　信心をいただけたら

仏恩報謝の念仏

阿弥陀如来さまの種々のお導きによって、本当に「信心」をいただけたら、どのように過ごせばよいか、親鸞聖人と蓮如上人のお言葉よりうかがってまいります。

「信心」を第一とした「お念仏生活」「お聴聞生活」を経て、「信心」をめぐまれ、浄土に生まれて仏と成ることが定まった後のお話でございます。

阿弥陀如来さまの大悲（大いなる慈悲の心）が、私の心に至り届いた後のことは、どのようにお勧めになっているか、肝要（大切なこと）のみお話しいたします。

親鸞聖人の「正信偈」に、

憶念弥陀仏本願　自然即時入必定
唯能常称如来号　応報大悲弘誓恩

（『聖典全書』二・六二頁参照）

〈弥陀仏の本願を憶念すれば、自然に即の時必定に入る。

ただよくつねに如来の号を称して、大悲弘誓の恩を報ずべしといへり〉

（『教行信証』「行巻」「正信念仏偈」、『註釈版』二〇五頁）

【意訳】「阿弥陀仏の本願を信じれば、おのずからただちに正定聚（浄土に生まれてさとりを開くことが正しく定まっている仲間）に入る。

ただよく常に阿弥陀仏の名号を称え、本願の大いなる慈悲の恩に報いるがよい」

と、（龍樹菩薩は）述べられた。

（『教行信証（現代語版）』一四七頁参照）

と讃えられています。阿弥陀如来さまの本願（願い）を信ずれば、浄土に往生して成仏することが定まる、と示されています。このように、阿弥陀如来さまの願いにおまかせして、「信心」をいただけたら、浄土に生まれて仏と成ることが定まりますので、「ただよく常に阿弥陀如来さまのお名号を称え、ご本願の大いなる慈悲のご恩に報いるがよい」と仰せられています。

「ただよく常に」というのは、宗派を問わず、仏教全般においても、非常に大切なところであります。お念仏のみ教えでは、妄想が起きても起きなくても、心が散乱してもしなくても、一心に阿弥陀如来さまにおまかせして、歩いていても、とどまっていても、座っていても、臥していても、どのような時、どのようなところ、どのような状況であっても、ただただ、よく、いつも、お称えさせていただいたらよい、ということになります。それがそのまま、ご本願の大いなる慈悲のご恩に報いることになる、とお教えてくださっています。

蓮如上人も、次のように述べられています。

信のうへは**仏恩の称名**退転あるまじきことなり。あるいは心よりたふとくありがたく存ずるをば仏恩と思ひ、ただ念仏の申され候ふをば、それほどに思はざること、大きなる誤りなり。おのづから念仏の申され候ふこそ、仏智の御もよほし、**仏恩の称名**なれと仰せごとに候ふ。

（『蓮如上人御一代記聞書』第一七八条、『註釈版』一二八六―一二八七頁）

【意訳】「信心をいただいた上は、**仏恩報謝の称名**をおこたることがあってはならない。だが、これについて、心の底から尊くありがたく思って念仏するのを仏恩報謝であると考え、何という思いもなく、ただ念仏するのを仏恩報謝ではないと考えるのは、大きな誤りである。自然に念仏が口に出ることは、仏の智慧のうながしであり、**仏恩報謝の称名である**」と、蓮如上人は仰せになりました。

（『蓮如上人御一代記聞書（現代語版）』一一三―一一四頁参照）

「仏恩報謝」とは、仏のご恩に報いて感謝することです。「信心」をめぐまれた後は、仏恩報謝の称名念仏を怠らず、お念仏させていただくよう、示されています。「浄土真宗の他力念仏」では、こちらの意味付けやはからいなどは不要であり、仏の智慧のうながしにまかせて、ただただ、よく、いつも、お称えさせていただいたらよい、と申せましょう。

続いて、蓮如上人は、次のようにも仰せられています。

蓮如上人仰せられ候ふ。信のうへは、**たふとく思ひて申す念仏**も、また**ふと申す念仏も仏恩にそなはるなり**。他宗には親のため、またなにのためなんどとて念仏をつかふなり。聖人（親鸞聖人）の御一流には**弥陀をたのむが念仏**なり。そのうへの称名は、**なにともあれ仏恩になる**ものなりと仰せられ候ふ云々。

（『蓮如上人御一代記聞書』第一七九条、『註釈版』一二八七頁参照）

【意訳】蓮如上人は、「信心をいただいた上は、**尊く思って称える念仏**も、また、ふと称える念仏も、ともに仏恩報謝になるのである。他宗では、亡き親の追善供養のため、あるいは、あれのためこれのためなどと言って、念仏をさまざまに使っている。けれども、親鸞聖人のみ教えにおいては、弥陀（阿弥陀仏）を信じおまかせするのが念仏なのである。弥陀を信じた上で称える念仏は、どのようであれ、すべて仏恩報謝になるのである」と仰せになりました。

（『蓮如上人御一代記聞書（現代語版）』一一四頁参照）

前の『御一代記聞書』第一七八条とも関連して、「信心」をいただいた後は、尊く思って称える念仏も、ふと称える念仏も、共に仏恩報謝となり、阿弥陀如来さまを信じおまかせした上で称える念仏は、すべて仏恩報謝になる、と明かされています。「追善供養」とは、死者のために善事（善いこと、道理にかなった行い）を行うことです。他宗派では、亡き親の追善供養のためや、何かのためなどと言って、私から仏に差し上げ、念仏を使っているが、「浄土真宗のお念仏」は、阿弥陀如来さまから私に与えられた（めぐまれた）ものであるから、仏のご恩に感謝して称えさせていただくばかりである、とお示しくださっているように思います。

先ほどもご紹介した、親鸞聖人の「御消息」（本書一七九頁～）を再び引用させていただきます。

> わが身の往生一定とおぼしめさんひとは、仏の御恩をおぼしめさんに、御報恩のために、**御念仏こころにいれて申して**、世のなか安穏なれ、仏法ひろまれとおぼしめすべしとぞ、おぼえ候ふ。よくよく御案候ふべし。このほかは、別の御はからひあるべしとはおぼえず候ふ。
>
> （中略）よくよく御こころにいれて、往生一定とおもひさだめられ候ひなば、仏の御恩をおぼしめさんには、異事は候ふべからず。**御念仏をこころにいれて申させたまふべし**とおぼえ候ふ。あなかしこ、あなかしこ。
>
> （『親鸞聖人御消息』第二五通、『註釈版』七八四頁）

【意訳】自らの往生は間違いないと思う人（信心が定まった人）は、仏のご恩を心に思い、それに報いるために**心を込めて念仏し**、世の中が安穏であるように、仏法が弘まるように、と思われるのがよいと思います。よくお考えになってください。このほかに、特に何か考えなければならないことがあるとは思いません。

（中略）これらのことをよく心得て、往生は間違いないという思いが定まった（信心が定まった）なら、仏のご恩に報いようとして、特に何か考えなければならないことはありません。**ただ心から念仏するのがよいと思います。**謹んで申し上げます。

（『親鸞聖人御消息（現代語版）』八二頁参照）

「信心」をいただけたと思う人（信心が定まった人）は、阿弥陀如来さまのご恩に感謝し、心を込めてお念仏し、世の中が安穏であるように、仏法が弘まるように、と思うのがよい、とお勧めになっています。その後にも、重ねて、信心が定まったなら、仏のご恩に報いようとして、ただ心からお念仏するのがよい、と結ばれています。

結局のところ、「信心」をいただく前であっても、後であっても、お念仏を申すよう勧められ、信前でも信後でも、お念仏申す生活を離れて「信心」とは言えません。二回にもわたって、「このほかに、特に何か考えなければならないことがあるとは思いません」「特に何か考えなければならないことはありません」と仰せられていますので、私たちの怠け心にまかせるのではなく、お念仏を心がけてまいりましょう。

信心と念仏

先ほどの親鸞聖人「正信偈」の四句（本書二三六頁）と同じことを書かれているのが、ご門徒さまはよくご存じの、蓮如上人『御文章』の「聖人一流章」であります。

聖人（親鸞聖人）一流の御勧化のおもむきは、信心をもつて本とせられ候ふ。そのゆゑは、もろもろの雑行をなげすてて、一心に弥陀に帰命すれば、不可思議の願力として、仏のかたより往生は治定せしめたまふ。その位を「一念発起入正定之聚」（論註・上意）とも釈し、**そのうへの称名念仏は、如来わが往生を定めたまひし御恩報尽の念仏**とこころうべきなり。あなかしこ、あなかしこ。

（『御文章』五帖目第十通「聖人一流章」、『註釈版』一一九六―一一九七頁参照）

【意訳】親鸞聖人の開かれた浄土真宗のみ教えでは、信心を根本とされています。そのわけは、自力にたよることをやめ、念仏以外のさまざまな行を捨てて、一心に阿弥陀如来におまかせすれば、思いも及ばない、すぐれた本願の力によって、如来が私たちの往生を定めてくださるからです。
往生が定まったその位を、曇鸞大師は「一念発起入正定之聚」（『往生論註』巻上・意）と示され、**信心を得た後に称える念仏**は、如来が私の往生を定めてくださった**ご恩を報謝する念仏**である、と心得るべきです。

まことに、尊いことであります。

自力にたよることをやめ、念仏以外の様々な行を捨てて、一心に阿弥陀如来さまにおまかせすれば、阿弥陀如来さまの、思いも及ばない、すぐれた本願（願い）のはたらきによって、如来さまが私たちの往生を定めてくださる、と述べられます。

また、阿弥陀如来さまにおまかせして、「信心」をいただけたら、「その後に称える念仏は、如来さまが私の往生を定めてくださったご恩に感謝する念仏である、と心得るべきです」と仰せられています。ここにも「ご恩に感謝する念仏」と、信心を得た後に称える念仏は、仏恩報謝のお念仏であることが示されています。

「一念発起入正定之聚」（一念発起すれば正定の聚に入る）とは、信心が初めておこったとき、浄土に往生することが正しく定まり、仏になることが決定している仲間（聚）となる、という意味であります。

引用させていただきました、親鸞聖人『教行信証』「正信偈」（本書二三六頁）と蓮如上人『御文章』「聖人一流章」とは、全く同じ内容であることがお分かりいただけますでしょうか。

「正信偈」の「憶念弥陀仏本願　自然即時入必定」（阿弥陀仏の本願を信じれば、おのずからただちに正定聚〈浄土に生まれてさとりを開くことが正しく定まっている仲間〉に入る）は、『御文章』の「一心に阿弥陀如来におまかせすれば、思いも及ばない、すぐれた本願の力によって、如来が私たちの往生を定めてくださる」と同じ意です。

ここには、浄土に生まれて仏と成る正しき因（タネ）は、「信心」一つであることが顕されています（信心正因）。これが浄土真宗で最も大切なみ教えであります。

また、「正信偈」の「唯能常称如来号　応報大悲弘誓恩」（ただよく常に阿弥陀仏の名号を称え、本願の大いなる慈悲の恩に報いるがよい）は、『御文章』の「信心を得た後に称える念仏は、如来が私の往生を定めてくださったご恩を報謝する念仏である、と心得るべきです」と同じ意といえます。

ここでは、信心を得た後の「念仏」（称名念仏）は、阿弥陀如来さまに救われたことを「有り難いことです」「尊いことです」「うれしいことです」と感謝して、よろこんで、称えさせていただく「仏恩報謝のお念仏」（報恩の念仏）であることが示されています（**称名報恩**）。

併せて「**信心正因・称名報恩**」といい、これは浄土真宗の教義の根幹をなすものであり、ほかの『御文章』にも一貫して、このみ教えが顕されています。

すなわち、阿弥陀如来さまより「信心」をいただくことによってのみ、浄土に生まれて仏と成らせていただけるのであって（信心正因）、「念仏」（称名念仏）は、阿弥陀如来さまが私の往生を定めてくださったご恩をよろこぶ感謝の思いから称えさせていただくばかりである（称名報恩）、というものであります。

浄土真宗のみ教えは、ここに尽きるといえます。

蓮如上人『御文章』の「末代無智章」にも、同様に「**信心正因・称名報恩**」が示されています。

末代無智の在家止住の男女たらんともがらは、こころをひとつにして阿弥陀仏をふかくたのみまゐらせて、さらに余のかたへこころをふらず、一心一向に仏たすけたまへと申さん衆生をば、たとひ罪業は深重なりとも、かならず弥陀如来はすくひましますべし。これすなはち第十八の念仏往生の誓願のこころなり。かくのごとく決定してのうへには、**ねてもさめてもいのちのあらんかぎりは、称名念仏すべきものなり**。あなかしこ、あなかしこ。

（『御文章』五帖目第一通「末代無智章」、『註釈版』一一八九頁参照）

【意訳】末法の世にあって、まことの智慧もなく、在家の生活をしているものたちが、一心に阿弥陀如来を信じておまかせし、ほかの方へ心をそらさず、ひとすじに、阿弥陀如来に仰せのまま浄土に往生させてくださいとおまかせするものであれば、たとえ、どんなに罪は重くとも、必ず阿弥陀如来はお救いくださいます。これが第十八願、すなわち、念仏往生の願のこころです。

このように、信心を決定した後は、**寝ても覚めても、命のあるかぎりは、仏恩**

報謝の念仏をすべきです。

ああ、畏れ多いことであります。

「一心に阿弥陀如来を信じておまかせし、ほかの方へ心をそらさず、ひとすじに、阿弥陀如来に仰せのまま浄土に往生させてくださいとおまかせするものであれば、たとえ、どんなに罪は重くとも、必ず阿弥陀如来はお救いくださいます」が「**信心正因**」、「このように、信心を決定した後は、寝ても覚めても、命のあるかぎりは、仏恩報謝の念仏をすべきです」は「**称名報恩**」に当たります。

「末代」は、「末法」のことで、仏の教え（教）のみあって実践（行）とさとり（証）がないという、仏教の勢いが衰えて弱くなった時代をいいます。残念ながら、現代も、社会体制や生活様式などの変化により、お念仏が非常に称えられにくい世の中になってきております。

しかし、もし、阿弥陀如来さまの願い（本願）のお力（おはたらき）によって、「信心」をいただけたら、親鸞聖人は「正信偈」に「ただよく常に阿弥陀如来さまのお名号を称え、ご本願の大いなる慈悲のご恩に報いるがよい」（本書二三七頁）と述べられ、「ただよく常に」とお示しくださっています。

さらに、親鸞聖人のみ教えを継承された蓮如上人が「信心をいただいた後は、寝ても覚めても、命のあるかぎりは、仏恩報謝の念仏をすべきです」と結ばれ、「寝ても覚めても、命のあるかぎりは」とまで仰せられていますので、私たちの怠け心にまかせるのではなく、ただ、よく、常に、仏恩報謝のお念仏を申してまいりましょう。

結びに、親鸞聖人『正像末和讃』の二首を仰いで、信じ敬うばかりであります。

弥陀大悲の誓願を　ふかく信ぜんひとはみな
ねてもさめてもへだてなく　南無阿弥陀仏をとなふべし

（『正像末和讃』三時讃、『註釈版』六〇九頁参照）

【意訳】阿弥陀仏の大いなる慈悲の本願を深く信じる人は、みなともに、寝ても覚めても変わりなく、南無阿弥陀仏の名号を称えるがよい。

（『三帖和讃（現代語版）』一六〇頁参照）

如来大悲の恩徳は　身を粉にしても報ずべし
師主知識の恩徳も　ほねをくだきても謝すべし

（『正像末和讃』三時讃「恩徳讃」、『註釈版』六一〇頁）

【意訳】阿弥陀仏の大いなる慈悲の恩徳に、身を粉にしてでも、報いていくべきである。教え導いてくださる釈尊（釈迦如来）や祖師方の恩徳にも、骨を砕いてでも、報いて感謝すべきである。

（『三帖和讃（現代語版）』一六三頁参照）

あとがき

拙著の「はしがき」に、

お釈迦さまが三昧（瞑想）などによって体験された「究極の真理」（大叡智）である「阿弥陀仏の願いと信心」が、果てしない大宇宙世界の、限りない時間と空間を通って、かつ、**超えて**、今、私たちのところに至り届いている、ということを少しでも実感いただけたらと願って、本書を刊行させていただきました。

と書きましたとおり、もし、そういったことを少しでもお感じいただけたら、望外の倖せであります。拙著の書名「阿弥陀仏の願いと信心―大宇宙世界の時間と空間を超えて―」は、前の傍点を附した箇所から命名いたしました。傍線部の太字の「通って」は「**超えて**」に収めて、サブタイトルには「**超えて**」のみ使用しました。

次に、「限りない時間と空間を**通って**、かつ、**超えて**」の「**通って**」と「**超えて**」について、述べさせていただきます。

まず、「阿弥陀仏の願いと信心」が、果てしない大宇宙世界の、限りない時間と空間を通って伝わっているということは、『歎異抄』第二条に示されています。

弥陀の本願まことにおはしまさば、釈尊の説教虚言なるべからず。仏説まことにおはしまさば、善導の御釈虚言したまふべからず。善導の御釈まことならば、法然の仰せそらごとならんや。法然の仰せまことならば、**親鸞が申すむね**、またもつてむなしかるべからず候ふか。詮ずるところ、**愚身の信心**におきてはかくのごとし。このうへは、念仏をとりて信じたてまつらんとも、またすてんとも、面々の御はからひなりと云々。（『歎異抄』第二条、『註釈版』八三三頁）

【意訳】**阿弥陀仏の本願**が真実であるなら、それを説き示してくださった釈尊の教えがいつわりであるはずはありません。釈尊の教えが真実であるなら、その本願念仏のこころをあらわされた善導大師の解釈にいつわりのあるはずがありません。善導大師の解釈が真実であるなら、それによって念仏往生の道を明らかにしてくださった法然聖人のお言葉が、どうして、うそ・いつわりでありましょうか。法然聖人のお言葉が真実であるなら、この**親鸞が申すこと**もまた無意味なことではないといえるのではないでしょうか。

つきつめていえば、**愚かなわたしの信心**は、このとおりです。この上は、念仏して往生させていただくと信じようとも、念仏を捨てようとも、それぞれのお考え次第です。

このように親鸞聖人は仰せになりました。（『歎異抄（現代語版）』七頁参照）

阿弥陀仏の願い（本願）がまこと（真実）であるから、お釈迦さまのみ教えがまことであり、善導大師のご解釈がまことであり、法然聖人のお言葉がまことであり、親鸞聖人の仰せの内容もまことである、といったことが明かされています。

阿弥陀仏の願いが、お釈迦さま・善導大師・法然聖人・親鸞聖人と、インド・中国・日本を経て、限りない時間と空間を通って、今ここにいる私に至り届いていることが分かります。

一方、「阿弥陀仏の願いと信心」が、果てしない大宇宙世界の、限りない時間と空間を超えて伝わっていることは、本書にも引用して述べたとおり（一九九頁～）、『歎異抄』後序に表されています。

聖人（親鸞聖人）のつねの仰せには、「**弥陀の五劫思惟の願をよくよく案ずれば、ひとへに親鸞一人がためなりけり**。さればそれほどの業をもちける身にてありけるを、たすけんとおぼしめしたちける本願のかたじけなさよ」と御述懐候ひし

（『歎異抄』後序、『註釈版』八五三頁参照）

【意訳】親鸞聖人が常々、仰せになっていたことですが、「**阿弥陀仏が五劫もの長い間、思いをめぐらしてたてられた本願をよくよく考えてみると、それはただ、この親鸞一人をお救いくださるためであった**。思えば、このわたしはそれほどに重い罪を背負う身であったのに、救おうと思い立ってくださった阿弥陀仏の本願の、何ともったいないことであろうか」と、しみじみとお話しになっていらっしゃいました。

（『歎異抄（現代語版）』四八―四九頁参照）

五劫もの長い間、思惟された阿弥陀仏の願いは、ただ、この親鸞一人をお救いくださるためであったと、親鸞聖人は仰せられています。阿弥陀仏の願いが、限りない時間と空間を超えて、聖人の下に至り届き、また、今ここにいる私に至り届いています。それは、具体的には「南無阿弥陀仏」のお名号であり、その「南無阿弥陀仏」

（阿弥陀仏にまかせよ、阿弥陀仏を信ぜよ）というお喚び声を疑いなく受け容れた心こそが「信心」であります。この「信心」さえいただけたら、浄土に生まれて仏と成ることが定まり、この世の縁が尽きるとき、本当に浄土に往生してさとりを開いて成仏し、限りない過去からの、はかりしれない苦しみがすべて消えるわけでございます。

すなわち、「阿弥陀仏の願いと信心」が、限りない時間と空間を通って伝わっていることは『歎異抄』第二条に示され、限りない時間と空間を超えて伝わっていることは『歎異抄』後序に表されています（林智康著『親鸞聖人と建学の精神』三八―四一頁参照）。それを承けて、「阿弥陀仏の願いと信心」が、果てしない大宇宙世界の、限りない時間と空間を通って、かつ、超えて、今ここにいる私たちに伝わっていることを、如来さまのお育てであった、筆者自身の求道体験・宗教体験を通して著したものが、本書でございました。

本書に引用した、お聖教（聖典）の原文と意訳の大方は、本願寺出版社発行の『浄土真宗聖典全書』『浄土真宗聖典 七祖篇（註釈版）』『浄土真宗聖典（註

釈版 第二版）』『浄土真宗聖典（現代語版）』等によりました。関係者御一同様に深く感謝申し上げます。

本書の執筆にあたり、恩師林　智康先生に多大のご教導とご激励を頂き、龍谷大学大学院の入学前より、ひとかたならずご指導を賜りましたこと、心より深謝申し上げます。また、出版に至るまで、諸先生方をはじめとする多くの方々にご指導・ご助言等を頂戴いたしました。厚く御礼申し上げます。

最後に、本書の刊行を快くお引き受けくださいました、永田文昌堂の永田　悟様、永田唯人様をはじめ、永田文昌堂御一同様に深厚の謝意を表します。

先先代の故永田文雄様、故永田昌三様、故永田文子様には、当寺に多大なるお力添えを頂き、愚生もお育てにあずかりましたこと、ご尊前に捧げて、心より感謝申し上げる次第であります。

令和四年（二〇二二）十二月

称名

掬月　即勝

参考文献

（江戸期）

僧樸師『真宗法要蔵外諸書管窺録』写字台文庫本　龍谷大学図書館所蔵（請求記号：101–19–W–1）

僧樸師『真宗法要蔵外諸書管窺録』（『真宗全書』七四）

玄智師『考信録』七巻玄智師自筆本　龍谷大学図書館所蔵（請求記号：022–604–7）

玄智師『考信録』六巻書写本　龍谷大学図書館所蔵（請求記号：106–3–W–6）

玄智師『考信録』（『真宗史料集成』九、『真宗全書』六四）

（現代）

高木昭良著『三帖和讃の意訳と解説』永田文昌堂、一九六六年

新井俊一著『親鸞『西方指南抄』現代語訳』春秋社、二〇一六年

梯實圓著『聖典セミナー　口伝鈔』本願寺出版社、二〇一〇年

浄土真宗教学研究所編『御文章　ひらがな版―拝読のために―』本願寺出版社、一九九九年

木津龍尊著『意訳御文章』百華苑、一九九四年

梅原眞隆著『蓮如上人聞書新釋』本願寺出版社、一九九三年

浄土真宗本願寺派総合研究所編『季刊せいてん』第一三七号、本願寺出版社、二〇二一年

片山一良著『ＮＨＫ宗教の時間「ダンマパダ」をよむ～ブッダの教え「今ここに」』（上）、日本放送出版協会、二〇〇七年

坂本幸男・岩本裕訳注『法華経』下、岩波書店、一九六七年
大橋俊雄校注『一遍聖絵』岩波書店、二〇〇〇年
林智康著『真宗和語聖教―一念多念文意・唯信鈔文意・尊号真像銘文―』百華苑、二〇〇五年
林智康著『親鸞聖人と建学の精神』永田文昌堂、二〇〇九年
林智康著『親鸞聖人の歩まれた道』（一）（二）（三）、百華苑、二〇一一年
鈴木大拙編『妙好人　浅原才市集』春秋社、一九六七年
楠恭編『定本・妙好人才市の歌』法蔵館、一九八八年
楠恭著『妙好人を語る』日本放送出版協会、二〇〇〇年
林智康・井上善幸編『妙好人における死生観と超越』龍谷大学　人間・科学・宗教オープン・リサーチ・センター、二〇一二年
浄土真宗本願寺派　山陰教区教務所編『山陰　妙好人のことば』山陰教区教務所、二〇二〇年
土山年雄編『慶證寺第十三世住職　浄信院釋英勝法師　三回忌法要記念誌』オリジナルブックマイン、二〇〇八年
ホームページ『ＮＨＫアーカイブス』「ＮＨＫ人物録」「中村元」あの人に会いたい
https://www2.nhk.or.jp/archives/jinbutsu/detail.cgi?das_id=D0009250084_00000
二〇二二年十一月三日参照
龍谷大学図書館　貴重資料画像データベース「龍谷蔵」
https://da.library.ryukoku.ac.jp/
二〇二三年三月十六日参照

著者紹介

掬月 即勝（きくづき そくしょう）

1983年（昭和58年）２月、京都市生まれ。青山学院大学法学部卒業（法学）。龍谷大学大学院博士課程単位取得（真宗学）。浄土真宗本願寺派輔教。現在、浄土真宗本願寺派慶證寺住職。

［論文］

「玄智教学の研究―『考信録』を中心とした行信論―」

「玄智『考信録』の一考察―神祇観をめぐって―」

「玄智『考信録』の一考察―追善回向について―」

阿弥陀仏の願いと信心

―大宇宙世界の時間と空間を超えて―

令和５（2023）年３月29日　第１刷発行

著　者　掬　月　即　勝

発行者　永　田　　悟

印刷所　亜細亜印刷㈱

製本所　㈱吉田三誠堂

発行所　創業慶長年間　永　田　文　昌　堂

京都市下京区花屋町通西洞院西入

電　話　０７５(371)６６５１番

ＦＡＸ　０７５(351)９０３１番

ISBN978-4-8162-6261-6 C1015